乡村振兴战略面对面

本书编写组 / 编

山东人民出版社·济南
国家一级出版社 全国百佳图书出版单位

图书在版编目（CIP）数据

乡村振兴战略面对面 / 本书编写组编. -- 济南：山东人民出版社，2019.11

ISBN 978-7-209-12505-5

Ⅰ. ①乡… Ⅱ. ①本… Ⅲ. ①农村经济发展－研究－山东 Ⅳ. ①F327.52

中国版本图书馆CIP数据核字(2019)第250483号

乡村振兴战略面对面

XIANGCUN ZHENXING ZHANLUE MIANDUIMIAN

本书编写组　编

主管单位　山东出版传媒股份有限公司
出版发行　山东人民出版社
出 版 人　胡长青
社　　址　济南市英雄山路165号
邮　　编　250002
电　　话　总编室（0531）82098914
　　　　　市场部（0531）82098027
网　　址　http://www.sd-book.com.cn
印　　装　济南龙玺印刷有限公司
经　　销　新华书店

规　　格　16开（170mm×240mm）
印　　张　11
字　　数　122千字
版　　次　2019年11月第1版
印　　次　2019年11月第1次
印　　数　1—3000
ISBN　978-7-209-12505-5
定　　价　68.00元

打造乡村振兴的齐鲁样板

中共山东省委书记　刘家义

乡村振兴战略是习近平同志关于“三农”重要思想的核心内容，是习近平新时代中国特色社会主义思想的重要组成部分。习近平同志2018年在参加十三届全国人大一次会议山东代表团审议时指出，希望山东的同志再接再厉，在全面建成小康社会进程中、在社会主义现代化建设新征程中走在前列，全面开创新时代现代化强省建设新局面；要深刻认识实施乡村振兴战略的重要性和必要性，扎扎实实把乡村振兴战略实施好。把乡村振兴战略实施好，这是以习近平同志为核心的党中央赋予山东的光荣使命。我们要牢固树立“四个意识”，以强烈的责任感和使命担当，深入谋划推进乡村振兴的思路举措，坚定不移地把习近平同志的重要指示要求落到实处。

深刻认识实施乡村振兴战略的重要性和必要性，坚定扛起打造乡村振兴齐鲁样板的政治责任

实施乡村振兴战略，是以习近平同志为核心的党中央着眼于实现“两个一百年”奋斗目标和中华民族伟大复兴的中国梦，紧扣我国社会主要矛盾变化，对“三农”工作做出的重大战略部署，事关全面建成小康社会，事关全面建设社会主义现代化强国进程，意义重大、影响深远。

乡村振兴是中国特色社会主义进入新时代的现实要求。党的十八大以来，党中央坚持把解决好“三农”问题作为全党工作的重中之重，统筹推进城乡协调发展，出台一系列强农惠农政策，实现了农业连年

丰收、农民收入持续提高、农村社会和谐稳定，为经济社会发展全局提供了基础支撑。中国特色社会主义进入新时代，在全面建设社会主义现代化国家新征程中农民不能缺席、乡村不能掉队、农业不能滞后，必须坚持农业农村优先发展的战略思想，抓紧补齐农业农村“短板”，加快推进城乡一体化发展，进一步巩固农业基础地位。实施乡村振兴战略符合新时代对农业农村发展的新要求，与“两个一百年”奋斗目标形成有机衔接，是顺势而为、适逢其时，是发展必然、大势所趋。

乡村振兴是全面建设社会主义现代化强国的必然要求。习近平同志指出，农业强不强、农村美不美、农民富不富，决定着全面小康社会的成色和社会主义现代化的质量。我国的现代化，不仅包括工业和城市的现代化，也包括农业农村的现代化。没有农业农村的现代化，国家现代化就不完整、不全面、不牢固。党中央提出实施乡村振兴战略，就是要加快推进农业农村现代化，从根本上解决好农业农村农民问题。我们要把实施乡村振兴战略作为新时代“三农”工作的新旗帜和总抓手，在更高标准、更高层次上推进农业农村现代化建设，以强烈的使命担当坚定不移地落实好乡村振兴战略。

乡村振兴是推动山东乡村发展的迫切要求。山东是农业大省，改革开放以来创造了不少农村改革发展经验。但近年来，山东农业农村产业结构不合理、资源环境约束加大、城乡发展不平衡等问题十分突出。大力实施乡村振兴战略，是解决农业农村突出问题、推动城乡一体化发展的根本途径。习近平同志强调要着力推进乡村产业振兴、人才振兴、文化振兴、生态振兴、组织振兴，为山东实施乡村振兴战略指明了主攻方向和实践路径。我们要聚焦“五个振兴”，再创山东农业发展新辉煌。

坚持高标准谋划、高质量推进、高层次发展，努力把乡村振兴这盘大棋下好下活

习近平同志指出，要推动乡村振兴健康有序进行，规划先行、精准施策、分类推进。我们要准确领会和运用这一实施乡村振兴战略的科学方法论，统筹兼顾、高点定标，努力把乡村振兴这盘大棋下好下活。

注重强化规划引领。乡村振兴是一项长期工作，既要有紧迫感，也不可一哄而上。我们坚持规划先行，谋定而后动，结合山东农业农村发展实际制定了乡村振兴战略规划和5个专项工作方案。战略规划和工作方案突出指导性，既提出思路要求又明确办法举措，既兼顾当前又考虑长远，确保可操作；突出科学性，把征求意见的范围扩大到乡镇一级，确保聚民智顺民意；突出衔接性，把乡村振兴与脱贫攻坚、美丽乡村建设、农村人居环境整治三年行动方案等结合起来；突出约束性，完善一张蓝图干到底的制度措施，确保执行有力、落实到位。

注重做到高点定标。标准决定质量。围绕打造乡村振兴的齐鲁样板，我们坚持对标发达国家、国内先进地区的成功模式，坚持高起点谋划，拿出符合山东实际的乡村振兴推进标准。大到“五个振兴”的标准，小到村村通、户户通的标准、乡村社区建设标准等，都由相关部门拿出具体意见，避免推倒重来、重复建设。

注重突出各地特色。实施乡村振兴战略不能千篇一律，不能搞“一刀切”。我们坚持一切从实际出发，注意把握好三个方面：严格功能区定位，牢固树立绿水青山就是金山银山的理念，坚定不移走绿色发展之路；因地制宜推进产业振兴，宜粮则粮、宜经则经、宜林则林、宜牧则牧、宜渔则渔；以多样化为美，保持乡村固有的历史、文化、风俗、风貌等，使乡村振兴各具特色，让人们记得住乡愁。

注重健康有序推进。推动乡村振兴健康有序发展，要求党员干部树

立正确的政绩观，处理好显功与潜功的关系，既做立竿见影的工作，也做为后人作铺垫、打基础的工作。我们坚持实事求是，坚持时间服从质量，坚决防止盲目冒进，坚决杜绝“面子工程”“形象工程”，坚决反对“造盆景”供人参观，以功成不必在我的精神境界、功成必定有我的历史担当，稳扎稳打、久久为功，一步一个脚印把乡村振兴推向前进。

注重改革开路。改革是乡村振兴的重要法宝。我们要以纪念改革开放40周年为契机，系统梳理“三农”改革任务，紧盯主要领域和关键环节，持续深化农村综合性改革，为农业农村发展不断注入源头活水。在推进新旧动能转换重大工程中，山东建立了一套工作推进机制，初步取得了好的效果。我们将结合实际，把这套机制运用到乡村振兴战略中去，确保各项工作落到实处、见到成效。

聚焦聚力重点难点问题，推动“五个振兴”在齐鲁大地落地生根、开花结果

打造乡村振兴的齐鲁样板，必须突出问题导向，以改革创新精神破解乡村振兴中的重点难点问题，持之以恒地抓好乡村产业振兴、人才振兴、文化振兴、生态振兴、组织振兴。

破解制度创新不够问题。制度制约是最根本的制约。很多地方的农村工作推进不快，根源就在于管理方式落后、改革政策落实不到位。我们注重强化制度供给，加快建立健全城乡融合发展的体制机制和政策体系，认真落实承包地“三权分置”制度，加快建设农村产权流转交易市场，加快农村集体产权制度改革，分类推进农村集体资源性、经营性和非经营性资产改革，积极探索农村集体经济有效实现形式。通过这些改革举措，进一步盘活农村资源、激发农村活力。

破解资金制约问题。实现乡村振兴，必须解决好资金的问题。我们加大金融支持力度，通过政策和市场化手段，推动农村金融机构回

归本源，更好满足乡村振兴多样化金融需求。加快涉农资金整合，把分散在31个省直部门的涉农资金下放到县，实行目标、任务、资金、权责“四到县”，集中力量办大事。加大财政投入力度，今年省财政筹集资金1000亿元支持乡村振兴，发挥好财政资金的引导和杠杆作用，撬动金融和社会资本更多地投向乡村振兴。

破解资源分散问题。现在有些地方土地、林地等资源分散，导致农业效益低下。解决这一问题，关键是把资源盘活，让农业产生更大效益，让农村有更大吸引力。我们牢固树立绿水青山就是金山银山的理念，念好“山”字经，做好“水”文章，按照政府引导方向、群众参与生产、企业投资管理的模式，有效盘活乡村闲置资源，积极打造田园综合体，焕发乡村发展活力。加强村庄整治、农村空闲宅基地整理，采取入股、联营等方式，积极发展乡村休闲旅游养老等产业，切实把乡村资源整合好、利用好。

破解基础设施薄弱问题。基础设施薄弱是制约乡村发展的最大短板。我们聚焦农民反映最强烈的突出问题，开展农村人居环境整治三年行动计划，推进农村道路、厕所、供暖、供电、学校、住房、饮水“七改”工程。把农村厕所改造作为民生大事，每户财政补助900元，因地制宜、分类施策，力争年内大多数农民用上洁净厕所。扎实推进农村“煤改气、煤改电”，不断提高清洁能源综合利用率，2020年全省70%以上的村庄要实现清洁供暖。巩固提升城乡环卫一体化成果，积极推行垃圾分类、无害化资源化处理。全面推进“四好”农村公路建设，推动“村村通”向“户户通”延伸，打通物流入村“最后一公里”。

破解内生动力不足问题。广大农民是乡村振兴的主体，实施乡村振兴战略必须调动农民的积极性。我们注重引导基层干部做好群众工作，充分尊重广大农民群众意愿，调动他们的积极性、主动性、创造性，最大限度激发农民群众参与乡村振兴建设的热情和激情。特别是在谋划和推进现代农业项目时，广泛征求农民意见，让农民成为乡村经济发展的主要获益者，使乡村振兴获得源源不断的动力。

破解陈规陋习问题。农村有些地方存在婚丧嫁娶大操大办、厚葬薄养、盲目攀比等不良风气，造成了不良社会影响，加重了农民群众负担，成为乡村振兴道路上的绊脚石。为了破除陈规陋习，我们大力实施铸魂强农工程，推动习近平新时代中国特色社会主义思想进乡村、进群众、进生活，培育文明乡风、良好家风、淳朴民风。深入挖掘齐鲁优秀传统文化，大力弘扬沂蒙精神，形成良性文化生态。深化乡村文明行动，重点实施人居环境、四德建设、新农村新生活、移风易俗、平安村庄、文化惠民“六大提升工程”，不断提高乡村文明程度。

破解人才资源短缺问题。解决农村人才资源短缺问题，根本在于促进城乡人才流动，支持各类人才留在农村，共同唱好乡村振兴大戏。我们大力培养乡村本土人才，实施乡村人才振兴行动计划和新型职业农民培育工程，依托农科大讲堂、“庄户学院”，让先进党支部书记、致富能手现身说法。实施返乡人员创业三年行动计划，引导大学生、进城务工人员、退伍军人等各类人才投身乡村建设。参照培养免费师范生、医学生的办法，探索开展公费农科生试点。畅通智力、技术、管理下乡通道，鼓励引导工商资本通过项目带动人才回流乡村，激励各类人才在乡村舞台创新创业、各展其长。

乡村振兴是一项长期性工作，不可能一蹴而就，必须把坚持党管农村这一“重中之重”落到实处。我们实行省负总责、市县抓落实的工作机制，实现五级书记抓乡村振兴，确保党在农村工作中始终发挥总揽全局、协调各方的领导核心作用，为乡村振兴提供坚强有力的政治保障。

（本文发表在2018年5月11日《人民日报》）

目录

contents

乡村大地焕生机

——如何正确理解乡村振兴战略的时代背景与重大意义

导 语

党的十九大提出实施乡村振兴战略，是以习近平同志为核心的党中央着眼党和国家事业全局、顺应亿万农民对美好生活的向往，对“三农”工作做出的重大决策部署，是决胜全面建成小康社会、全面建设社会主义现代化国家的重大历史任务，是新时代做好“三农”工作的总抓手。

一 什么是乡村振兴战略

——乡村振兴战略的提出

乡村振兴战略是习近平总书记在党的十九大报告中首次提出的重大战略。党的十九大报告指出，农业农村农民问题是关系国计民生的根本性问题，中国要强，农业必须强；中国要美，农村必须美；中国要富，农民必须富。当前，我国最大的发展不平衡是城乡发展不平衡，最大的发展不充分是农村发展不充分。乡村振兴战略，正是党中央着眼“两个一百年”奋斗目标导向和农业农村短腿短板问题导向做出的战略安排。

——乡村振兴战略的内涵

实施乡村振兴战略，要按照“产业兴旺、生态宜居、乡风文明、治理有效、生活富裕”的总要求，建立健全城乡融合发展体制机制和政策体系。“产业兴旺”就是要紧紧围绕促进产业发展，引导和推动更多的资本、技术、人才等要素向农业农村流动，调动广大农民的积极性、创造性，形成现代农业产业体系，实现一、二、三产业融合发展，保持农业农村经济发展旺盛活力；“生态宜居”就是要加强农村资源环境保护，大力改善水电路气房讯等基础设施，统筹山水林田湖草保护建设，保护好绿水青山和清新清净的田园风光；“乡风文明”就是要促进农村文化教育、医疗卫生等事业发展，推进移风易俗、文明进步，弘扬农耕文明和优良传统，使农民综合素质进一步提升、农村文明程度进一步提高；“治理有效”就是要加强和创新农村社会治理，加强基层民主和法治建设，让社会正气得到弘扬、违法行为得到惩治，使农村更加和谐、安定有序；“生活富裕”就是要让农民有持续稳定的收入来源，经济宽裕，衣食无忧，生活便利，共同富裕。

二 实施乡村振兴战略的背景是什么

——我国城乡发展不平衡问题依然存在

由于历史欠账太多，再加上多种因素制约，当前，我国发展不平衡不充分问题在乡村最为突出，主要表现在：农产品阶段性供过于求和供给不足并存，农业供给质量亟待提高；农民适应生产力发展和市场竞争的能力不足，新型职业农民队伍建设亟待加强；农村基础设施和民生领域欠账较多，农村环境和生态问题比较突出，乡村发展整体水平亟待提升；国家支农体系相对薄弱，农村金融改革任务繁重，城乡之间要素合理流动机制亟待健全；农村基层党建存在薄弱环节，乡村治理体系和治理能力亟待强化。实施乡村振兴战略，是解决人民日益增长的美好生活需要和不平衡不充分的发展之间矛盾的必然要求，是实现“两个一百年”奋斗目标的必然要求，是实现全体人民共同富裕的必然要求。

——实施乡村振兴战略的基础条件已成熟

党的十八大以来，在以习近平同志为核心的党中央坚强领导下，我们坚持把解决好“三农”问题作为全党工作重中之重，持续加大强农惠农富农政策力度，扎实推进农业现代化和新农村建设，全面深化农村改革，农业农村发展取得了历史性成就，为党和国家事业全面开创新局面提供了重要支撑。近年来，粮食生产能力跨上新台阶，农业供给侧结构性改革迈出新步伐，农民收入持续增长，农村民生全面改善，脱贫攻坚战取得决定性进展，农村生态文明建设显著加强，农民获得感显著提升，农村社会稳定和谐。农业农村发展取得的重大成就和“三农”工作积累的丰富经验，为实施乡村振兴战略奠定了良好基础。

三 乡村振兴战略与新农村建设有什么区别和联系

——两者区别

党的十九大报告提出要实施乡村振兴战略，它与新农村建设既有交叉，也存在不同。一是地域范围不同：新农村侧重村，乡村则可包含村和乡镇；二是内容不同：新农村建设侧重建设和产业，乡村振兴战略涉及“五位一体”总体布局；三是主体性不同：新农村建设只是农民和国家两个主体，乡村振兴战略更强调乡村多主体的作用，更强调农民、政府、企业和市民等多个主体作用。

——两者联系

乡村振兴，让乡村焕发生机与活力，实现繁荣与兴盛，是6亿农村居民的福祉所系。乡村振兴战略以“产业兴旺、生态宜居、乡风文明、治理有效、生活富裕”为总要求，是对新农村建设的发展与超越，乡村振兴战略是社会主义新农村建设的升华版。

从生产发展到产业兴旺。新农村建设将经济建设、发展生产力作为中心环节，强调经济建设是建设新农村美好蓝图的物质基础。新农村建设以来，农村产业不断发展壮大，传统种养殖业、农产品加工业持续发展，并不断转型升级，乡村旅游、农村电子商务等各种新业态不断涌现。乡村振兴用“产业兴旺”替代“生产发展”，要求在发展生产的基础上培育新产业、新业态和完善产业体系，使农村经济更加繁荣。

从村容整洁到生态宜居。新农村建设要求改变村庄面貌，通过对农村脏乱差的环境治理，实现村容整洁，为群众创造更好的生活环境。乡村振兴用“生态宜居”替代“村容整洁”，更加强调人与自然和谐共处共生，不仅要求环境优美，还要求空气新鲜、水源洁净，空间安全，要求在治理村庄脏乱差的基础上发展绿色经济、治理环境污染并进行少量搬迁，使农村人居环境更加舒适，人民生活得更健康、更美好、更幸福。

从管理民主到治理有效。新农村建设要求管理民主，尊重和维护人民群众的政治权利，让人民群众当家做主。虽然管理民主是社会治理的有效手段，但社会治理的效果更关乎人民群众利益。社会治理的结果，是否有助于促进社会公平正义，是否有助于形成良好的社会秩序，是否有助于人民群众拥有更加充实、更有保障、更可持续的获得感、幸福感、安全感，对人民群众才更具有现实意义。乡村振兴用“治理有效”替代“管理民主”，要求加强和创新农村社会治理，使农村社会治理更加科学高效，更能满足农村居民需要。

从生活宽裕到生活富裕。新农村建设要求增加农民收入，提高农民生活水平，生活宽裕，但受制于经济发展水平，总体要求还不高。乡村振兴用“生活富裕”替代“生活宽裕”，要求按照全面建成小康社会奋斗目标和分两步走全面建设社会主义现代化强国的新目标，使农民生活更加富裕、更加美满。

深化乡风文明的内涵。“乡风文明”四个字虽然没有变化，但在新时代，其内容进一步拓展、要求进一步提升。同社会主义新农村建设相比，乡村振兴战略的内容更加充实，逻辑递进关系更加清晰，为在新时代实现农业全面升级、农村全面进步、农民全面发展指明了方向和重点。

四 实施乡村振兴战略有什么重大意义

实施乡村振兴战略是关系全面建设社会主义现代化国家的全局性、历史性任务。当前，我国正处于正确处理工农关系、城乡关系的历史关口。中华人民共和国成立后，在当时的历史条件和国际环境下，我们自力更生，依靠农业农村支持，在一穷二白的基础上推进工业化，建立起比较完整的工业体系和国民经济体系。改革开放以来，我们依靠农村劳动力、土地、资金等要素，快速推进工业化、城镇化，城镇面貌发生了翻天覆地的变化。我国广大农民为推进工业化、城镇化做出了巨大贡献。在这个过程中，农业发展和农村建设也取得了显著成就，为我国改革开放和社会主义现代化建设打下了坚实基础。

长期以来，我国对工农关系、城乡关系的把握是完全正确的，也是富有成效的。这些年，我国农业连年丰产，农民连年增收，农村总体和谐稳定。特别是几亿农民工在城乡之间长时间、大范围有序有效转移，不仅没有带来社会动荡，而且成为经济社会发展的重要支撑。同时，我们也要看到，同快速推进的工业化、城镇化相比，我国农业农村发展步伐还跟不上，“一条腿长、一条腿短”的问题比较突出。我国发展最大的不平衡是城乡发展不平衡，最大的不充分是农村发展不充分。党的十八大以来，我国下决心调整工农关系、城乡关系，采取了一系列举措推动“工业反哺农业、城市支持农村”。党的十九大提出实施乡村振兴战略，就是为了从全局和战略高度来把握和处理工农关系、城乡关系。

在现代化进程中，城的比重上升，乡的比重下降，是客观规律，但在我国拥有近14亿人口的国情下，不管工业化、城镇化进展到哪一步，农业都要发展，乡村都不会消亡，城乡将长期共生并存，这也是客观规律。即便我国城镇化率达到70%，农村仍将有4亿多人口。如果在现代化进程中把农村4亿多人落下，到头来“一边是繁荣的城市、一边是凋敝的农村”，这不符合我们党的执政宗旨，也不符合社会主义的本质要求。这样的现代化是不可能取得成功的！40年前，我们通过农村改革拉开了改革开放大幕。40年后的今天，我们应该通过振兴乡村，开启城乡融合发展和现代化建设新局面。

五 实施乡村振兴战略的总体要求是什么

总体要求：按照产业兴旺、生态宜居、乡风文明、治理有效、生活富裕的总要求，建立健全城乡融合发展体制机制和政策体系，加快推进农业农村现代化。

——产业兴旺

乡村振兴不仅是经济的振兴，也是生态的振兴、社会的振兴，文化、教育、科技、生活的振兴，以及农民素质的提升。产业兴旺，就是要推进农业供给侧结构性改革，延伸农业产业链、价值链，提高农业综合效益和竞争力。

乡村振兴看齐鲁

山东寿光现代农业产业园，是由农业产业化国家重点龙头企业寿光蔬菜产业控股集团投资2亿元建设的现代农业产业园，占地1600亩。该园区是与中国（寿光）蔬菜种业科技创新孵化器紧密对接的实验基地，也是该集团的种苗繁育和推广基地，已成为集生产、研发、推广于一体的中国高端农业园区之一。图为现代农业产业园辣椒新品种种植大棚。（新华社记者李晓果　摄）

——生态宜居

生态宜居，就是要适应生态文明建设要求，因地制宜发展绿色农业，促进农村生产、生活、生态协调发展。

——乡风文明

乡风文明，就是要大力弘扬社会主义核心价值观，树立文明新风，全面提升农民素质，打造农民的精神家园。

——治理有效

治理有效，就是要健全自治、法治、德治相结合的乡村治理体系，确保广大农民安居乐业、农村社会安定有序。

乡村振兴看齐鲁

山东省寿光市东斟灌村创造出来基层党组织核心引领下的“自主议事、自治管理、自我服务”等为主的村级“三自五事治理”模式，实现了干群和谐、社会稳定、强村富民，走出了一条充满活力的乡村治理法治化、规范化、制度化之路。图为东斟灌村召开村民代表大会，村委会成员在向村民代表介绍情况。（新华社记者郭绪雷　摄）

——生活富裕

生活富裕，就是要努力保持农民收入较快增长的势头，让广大农民群众和全国人民一道进入全面小康社会。

六 如何以“五大振兴”引领乡村全面振兴

习近平总书记在参加十三届全国人大一次会议山东代表团审议时强调，实施乡村振兴战略是一篇大文章，要统筹谋划，科学推进。要推动乡村产业振兴、人才振兴、文化振兴、生态振兴、组织振兴，推动乡村振兴健康有序进行。

——产业振兴是乡村振兴的物质基础

推动乡村产业振兴，要紧紧围绕发展现代农业，围绕农村一、二、三产业融合发展，构建乡村产业体系，实现产业兴旺，把产业发展落到促进农民增收上来，全力以赴消除农村贫困，推动乡村生活富裕。要发展现代农业，确保国家粮食安全，调整优化农业结构，加快构建现代农业产业体系、生产体系、经营体系，推进农业由增产导向转向提质导向，提高农业创新力、竞争力、全要素生产率，提高农业质量、效益、整体素质。

——人才振兴是乡村振兴的关键所在

推动乡村人才振兴，要把人力资本开发放在首要位置，强化乡村振兴人才支撑，加快培育新型农业经营主体，让愿意留在乡村、建设家乡的人留得安心，让愿意上山下乡、回报乡村的人更有信心，激励各类人才在农村广阔天地大施所能、大展才华、大显身手，打造一支强大的乡村振兴人才队伍，在乡村形成人才、土地、资金、产业汇聚的良性循环。

——文化振兴是乡村振兴的重要基石

推动乡村文化振兴，要加强农村思想道德建设和公共文化建设，以社会主义核心价值观为引领，深入挖掘优秀传统农耕文化蕴含的思想观念、人文精神、道德规范，培育挖掘乡土文化人才，弘扬主旋律和社会正气，培育文明乡风、良好家风、淳朴民风，改善农民精神风貌，提高乡村社会文明程度，焕发乡村文明新气象。

——生态振兴是乡村振兴的内在要求

推动乡村生态振兴，要坚持绿色发展，加强农村突出环境问题综合治理，扎实实施农村人居环境整治三年行动，推进农村“厕所革命”，完善农村生活设施，打造农民安居乐业的美丽家园，让良好生态成为乡村振兴的支撑点。

——组织振兴是乡村振兴的根本保障

推动乡村组织振兴，要打造千千万万个坚强的农村基层党组织，培养千千万万名优秀的农村基层党组织书记，深化村民自治实践，发展农民合作经济组织，建立健全党委领导、政府负责、社会协同、公众参与、法治保障的现代乡村社会治理体制，确保乡村社会充满活力、安定有序。

七 实施乡村振兴战略要重点把握好哪些工作

实施乡村振兴战略，要顺应亿万农民对美好生活的向往，立足国情农情，以产业兴旺为重点、生态宜居为关键、乡风文明为保障、治理有效为基础、生活富裕为根本，推动农业全面升级、农村全面进步、农民全面发展。

——分类施策，明确乡村振兴战略重点任务

一是推进农业高质量发展。深入推进农业供给侧结构性改革，唱响质量兴农、绿色兴农、品牌强农主旋律，推动农业由增产导向转向提质导向。加快培育乡村产业、乡土产业，促进农村一、二、三产业融合发展。

二是推进农村人居环境整治。良好的人居环境是广大农民的殷切期盼，是乡村振兴的当务之急。要以实施农村人居环境整治三年行动为抓手，推进农村垃圾处理、污水治理，搞好厕所革命及农业废弃物资源化利用，改善村容村貌。

三是推进农村基础设施建设。完善的基础设施和便利的生活条件，是振兴乡村、聚拢人气的硬件要求。要推动建立健全城乡资源要素平等交换体制机制，推动水电路气房讯等基础设施向农村延伸、向农村倾斜。

四是推进农村公共服务改善。城乡差距大，很大程度体现在公共服务上，乡村振兴要逐步改变这种状况。要加快完善各项社会事业，加强村级服务站点建设，推动信息进村入户，积极引导各类

农民经济组织参与提供农村公共服务，发展农村生产、生活性服务业。

五是推进农村人才队伍建设。戏好还要靠唱戏人，没有人，乡村振兴就是一句空话。要加大乡村振兴人才选拔培养力度，全面建立职业农民制度，加快培育新型农业经营主体，更好地示范带动小农户发展。同时，要进一步落实好国务院关于支持下乡返乡创业创新的政策，引导支持各类人才在农村广阔天地施展才华、大显身手。

六是加强乡村振兴政策创设。现在全国各级已经或者正在编制乡村振兴战略规划，制定发布了坚持农业农村优先发展的意见，要系统研究谋划，积极推动出台一批重大政策，逐步建立城乡融合发展的体制机制和政策体系。

——精准规划，凸显乡村田园“肌理”

一是推进村庄规划全覆盖。在编制规划时，要深入调查研究，摸清摸准区域特点、村庄实况、自然风貌和乡风民俗等，充分满足群众需求、尊重群众意愿，重点突出建筑设计、基础设施、公共服务配套、垃圾污水处理、人畜分离和生态改善等内容，明确空间布局以及不同区位、不同类型村庄发展重点和时序，合理确定建设项目与标准，切实提高村镇规划的综合性、前瞻性和科学性，使农村更“像农村”，留得住青山绿水，记得住乡情乡愁。

二是强化规划落实。加强规划实施的督查督导，村镇规划一经批复，严格按照规划开展村庄建设活动，严禁违反规划搞建设。

三是开展技术培训。进一步健全村镇建设管理人员培训制度，定期或不定期开展村镇规划建设管理专业知识培训，提高村镇规划建设管理人员业务素质。探索城市规划建设领域人才、智力资源对村镇规划建设管理的支持渠道，强化智力扶持。

四是强化村庄规划公众参与。在规划编制、实施全过程中，加强与村民沟通，引导村民积极参与。

——夯实产业，提升乡村振兴的内生动力

一是因地制宜培育和发展主导产业，实现一村一品一特色。积极培育新型农业经营主体，加快种植大户、家庭农场、专业合作社等新型农业经营主体发展，落实有关扶持政策措施，积极引导企业通过产业带动、村企联动、投资推动、科技驱动等形式参与乡村建设。

二是着力促进农民就业创业。依托美丽乡村建设，既要用好种植业、养殖业、外出务工的“老三宝”，更要用好农村电商、来料加工、农家乐与民俗的“新三宝”，促进农民就地就近就业。加强和改进农民工技能培训，培育一批有眼光懂经营会管理的农家乐经营业主，发挥农家乐作用，丰富农家乐服务内容，深入挖掘农耕文化，增加农家乐文化元素。利用村庄整治、农房改造、立面改造等项目，为村民提供工程建设等就业机会。

三是抓好项目引进。依托美丽乡村建设，精心打造全域旅游产业，用足用活政策做到三个结合，即美丽乡村建设与自身实际相结合，美丽乡村建设与发展经济相结合，美丽乡村建设与资源优势相结合，进一步提升美丽乡村建设的产业支撑。

——以人为本，补齐乡村基础设施建设短板

一是加强标准体系建设，以标准化理念推进乡村基础设施建设、使用和管理，特别是垃圾分类、农房建设、道路硬化等，尽快实现“七改”标准全覆盖，形成长效管护机制，确保各项工程建好、管好、用好、维护好。

二是村内道路建设。逐步实现村庄道路硬化“户户通”，同时加强村庄主要道路及公共场所路灯、排水等附属设施建设。

三是农村污水处理设施建设。原则上城镇周边的村庄污水纳入市政管网，平原地区人口较密集的采用村庄集中污水处理设施，山区及人口较分散的村庄采用户用处理设备。鼓励采用自然、生态的污水处理方式。

四是农村生活垃圾治理。推进农村生活垃圾分类，完善农村环卫作业评价标准、垃圾收集管理、卫生检查评比等有关制度，逐步形成村民自我管理机制，实现农村环境卫生的长效管理。

五是农村无害化卫生厕所改造。分类推进农村无害化卫生厕所全覆盖，探索建立厕所后期管护、粪液处理长效机制。

六是供暖设施建设。对于具备改暖条件的村庄，逐步采用环保锅炉、太阳能、天然气、地热、秸秆气化、土暖气等多种方式加快供暖设施建设，推广外墙保温和隔热断桥中空玻璃门窗等新型墙材。

——突出特色，重视传统村落保护

一是开展保护性建设。无论是旧村改造还是新村建设，无论是

环境整治还是道路建设，无论是村庄布局还是农房建设，都要重视山体形貌维护、植被修复养护、水系岸线防护，做到不推山、不砍树、不填塘，不人为取直道路，不盲目改变河道流向，充分体现具有山区、平原、水乡、海滨等不同地域特色的自然风貌。要努力彰显村庄的文化底蕴，弘扬民间艺术，特别是在旧村改造、村庄拆并中，要保护古村落、古建筑、古民居、古名木。

二是加强传统村落保护。建立省级传统村落名录，编制村庄保护发展规划，建立村庄保护档案。加强对古井、古树、古桥、匾额等历史文化要素及传统舞蹈、传统戏剧、民间传说、民俗、传统技艺等非物质文化遗产的保护，延续村庄传统文脉。

三是积极塑造特色风貌。根据不同地域的自然历史文化禀赋，以发展有历史记忆、文化脉络、地域风貌、民族特点的特色乡村为目标，综合考虑自然风貌、空间格局、建筑风貌、绿化水系、民俗文化、产业资源等风貌构成要素，对村庄进行分类塑造，推进特色发展。

——拓宽渠道，完善村庄建设投入机制

采用“政府补贴拿一点、村集体和农民出一点、动员社会力量筹一点、市场运作省一点”的办法，多渠道筹措资金。

一是发挥政府投入的主渠道作用，加大财政投入力度。按照中央《关于探索建立涉农资金统筹整合长效机制的意见》要求，探索建立涉农资金统筹整合长效机制，调度和整合各级各有关部门的涉农项目、政策和资金用于乡村建设，提高建设资金的使用效益，形成工作合力。

二是充分发挥农民投入的主体作用。按照农村税费改革的要求，探索垃圾、污水处理收费标准。村庄建设所需资金坚持“一事一议”，由村民民主讨论决定，可以采取集体积累出资、村民共同担负、出义务工或集体积累出资、不足部分村民担负等不同的方式来解决。

三是积极利用社会资金。充分发挥市场作用，积极推广PPP模式，建立有效的引导和激励机制，以县（市、区）为单位，对辖区内的农村基础设施和公共设施建设分类整合、统一打包、连片建设，改变乡村建设项目小、散、乱的弊端，增强对社会资本的吸引力；鼓励基层政府通过委托、承包、采购等方式向社会购买村庄规划建设、垃圾收运处理、污水处理、河道管护等公共服务。

四是统一招标，规范程序。对于乡村建设项目，单个招标或达不到规定标的，或造成人力、财力浪费的，可将所有建设项目打包，进行捆绑式招标，以节省时间和开支。

——创新举措，健全乡村振兴长效机制

一是加强组织领导。明确各级政府要对本行政区域内村庄建设工作负责，强化措施，加强督导，确保目标任务落到实处。建立部门联动、分工明确的协调推进机制，各有关部门根据职能分工，发挥部门优势，整合政策、资金、项目，重点支持农村人居环境改善工作，形成推进合力。

二是建立长效机制。系统梳理农村“七改”政策，按照一统到底、一体推进的原则，统筹设计乡村管理体制和社会管理、公共服

务机制，建立起乡村发展整体推进长效机制。

三是推进基层治理法制化。牢固树立法治意识，以法治思维和法治方式解决乡村建设中的突出问题。强化基层法治文化建设，健全普法宣传教育机制，实现法治宣传教育的普遍化、常规化和制度化。

四是推进文明创建常态化。发挥宣传、妇联、团委、老干部等群团组织作用，加强文化礼堂、农家书屋、百姓讲坛等文化设施建设，开展文明个人、文明户、文明单位评选活动，引导群众移风易俗，形成健康生活方式，调动和激发农民参与热情，使他们真正成为乡村建设的实践者、受益者，从而凝聚人心，形成推动乡村振兴的强大合力。

链接

习近平总书记视察齐鲁乡村样板村——三涧溪

2018年6月14日，习近平总书记亲临三涧溪村考察工作，听取了以党建为统领，强化班子建设、推动产业发展、保护生态环境、汇聚人才资源、建设文明村风家风、壮大村级集体经济等情况介绍。多年来，三涧溪村坚持以党建为引领，创新建立“家”字形平安建设管理体系，建立完善“五老信访调解会”制度，夯实了发展根基，形成了和谐氛围，凝聚了干事合力。

“农村富不富，关键看支部。”面对曾经六年换了六任村党支部书记的三涧溪村，高淑贞从2004年担任村党支部书记的那一天开始，就把抓党建作为固本强基、富民强村的关键之举。从落实好“三会一课”等制度抓起，每月15日主题党日活动雷打不动，严格签到制度，每名党员都不能缺席；实施“五个一”工程（“一面旗帜”带动群众、“一线通”连接群众、“一张卡”便利群众、“一支队伍”服务群众、“一个职介所”致富群众），在联系服务群众中使党支部的组织力大幅提升。

三涧溪村的党员活动室有这样一块展板，全村每个党员的名字、要发挥的作用都明确标注在展板上，向村民公开。制定“党旗飘飘映四邻、四邻联动党放心”和“亮出党员身份、接受群众监督”等工作机制。创造性地实行“捆绑式、积分制”考评办法，把每位党员家属的表现也列入党员个人积分，每半年组织街坊四邻对“党员家庭”进行民主评议，让党员家属参加党员点评活动，起到“一人带全家、全家带四邻”的效果。

党建工作理顺了，班子威信树起来了，村“两委”就把工作重心放在改善民生上。先是修路，村“两委”成员带头筹集资金。为保证工程质量，村“两委”成员天天顶着烈日在现场监工，嗓子发炎说不了话，就在纸上写字跟施工方沟通……修完路，村“两委”又想着让村民喝上自来水。由于村里私搭乱建严重，自来水管道没法走，村“两委”就率领党员干部到群众家里耐心做工作。就这样，一条条民心路修好了，一座座连心桥架好了，一股股甘甜的自来水流进了群众心间。

围绕中心：由富到强

“说一千、道一万，增加农民收入是关键。”三涧溪村抓住济南大力抓招商引资的机会，积极申请上级党委、政府利用村里空闲地规划建设章丘城东工业园，园内72家企业去年实现税收1.3亿元。三涧溪村80%的青壮年劳力在园区及周边务工创业，一年就为村里群众创收5000多万元。

园区的发展离不开人才支撑。三涧溪村结合章丘“人才房”政策，在旧村改造过程中，主动规划建设人才公寓，提供给园区企业，按照优惠价购房，帮企业吸引人才。把村里的富余劳动力组织起来，成立物业公司，给工业园区和周边高校搞绿化、做保洁，增加群众和集体收入。目前，三涧溪村人均可支配收入达到2.6万多元，村集体收入达到260余万元。村里每年都给60岁以上老人发放补贴，让他们老有所依、老有保障。

党员带动：由强到美

针对村里小锻打、小煤矿等“四小”产业污染环境的问题，村“两委”下定决心：“四小”企业效益再好，也要彻底关停，把绿水青山还给村民。班子成员挨家挨户做工作，党员干部带头关停、拆除，“四小”企业最终被彻底拆除。腾出来的土地，适合做工业项目的就办工厂，不适合的就搞苗圃、做绿化，现在村里绿树成荫。

乡村振兴齐鲁样板村——三涧溪村

环境美了，乡风更要美。在文明乡风建设中，三涧溪村充分发挥党员带头作用，抓住党员家庭这个细胞，带动群众向上、向善、向好，推出一批好媳妇、好婆婆，让良好家风蔚然成风。发挥红白理事会的作用，主动服务促进移风易俗。“现在我们村实现了‘六个不见’，即不见薄养厚葬，不见披麻戴孝，不见大操大办，不见奢侈浪费，不见互相攀比，不见赌毒黑恶，村里多年未发生过恶性事件，人民生活幸福安康。”三涧溪村的村民自豪地为本村党支部“点赞”。

结语

乡村是具有自然、社会、经济特征的地域综合体，兼具生产、生活、生态、文化等多重功能，与城镇互促互进、共生共存，共同构成人类活动的主要空间。乡村兴则国家兴，乡村衰则国家衰。当前，我国社会主要矛盾已经转化为人民日益增长的美好生活需要和不平衡不充分的发展之间的矛盾。在我国社会发展中，最大的不平衡就是城乡发展不平衡，最大的不充分就是农村发展不充分。实施乡村振兴战略，是解决新时代我国社会主要矛盾、实现“两个一百年”奋斗目标和中华民族伟大复兴中国梦的必然要求，具有重大现实意义和深远历史意义。

齐鲁样板响神州

——如何正确认识乡村振兴齐鲁样板

导 语

习近平总书记要求山东打造乡村振兴的齐鲁样板，对我省来说不仅是重大责任、重大使命，更是重大机遇，为全省做好乡村振兴工作，指明了前进方向，提供了根本遵循，注入了强大动力。既然是打造样板，就要“走在前列”，能复制，能推广，能在全国起到典型引路作用。我们打造乡村振兴齐鲁样板，要发挥各地主观能动性，立足当地资源禀赋、产业优势、文化特点、生态环境等条件，在生产美产业强、生态美环境优、生活美家园好上下功夫，绘就多样化的“齐鲁风情画”，形成具有山东特色的现代版“富春山居图”。

乡村振兴，齐鲁先行。实施乡村振兴战略的决策部署甫一落地，山东省委、省政府就要求相关部门抓紧启动规划的编制工作，以规划引领全省乡村振兴有序进行。2018年4月30日，《山东省乡村振兴战略规划（2018—2022年）》和《山东省推动乡村产业振兴工作方案》《山东省推动乡村人才振兴工作方案》《山东省推动乡村文化振兴工作方案》《山东省推动乡村生态振兴工作方案》《山东省推动乡村组织振兴工作方案》在全国率先发布，向世人描绘了乡村振兴齐鲁样板的美好蓝图，宣告了山东省乡村振兴的路线图、时间表和任务书。

二 习近平总书记为什么要求山东打造乡村振兴齐鲁样板

习近平总书记对山东发展一直高度重视，希望我省发挥自身优势，在实施乡村振兴战略中奋力走在前列，打造乡村振兴齐鲁样板，在全国发挥典型引路作用。之所以有这样的要求，是因为山东省在以下四个方面具备引领全国乡村振兴的条件：

一是山东素有改革创新的闯劲和干劲。改革开放以来，省委、省政府始终高度重视“三农”发展，着力推动技术创新、制度创新，在抓农业、强农村、富农民上创造出了许多引领全国的发展经验。曾经国人耳熟能详的商品经济大合唱、贸工农一体化、农业产业化经营就出自诸城、潍坊，形成了享誉全国的“诸城模式”“潍坊模式”“寿光模式”。近年来，在农村产权制度改革、现代农业综合改革试验区等方面又先后探索出很多成熟路径，这些都为各地提供了很好的学习借鉴，对全国农业农村发展做出了突出贡献。

二是山东农业在全国占有重要位置。习近平总书记对山东农业发展有一个鲜明的表述，就是山东是农业大省，素有“全国农业看山东”之说，并列举了9组数据，即以占全国6%的耕地和1%的淡水资源，贡献了8%的粮食产量、9%的肉类产量、12%的水果产量、13%的蔬菜产量、14%的水产品产量和19%的花生产量，农产品出口总额占全国的24%。这些数据足以说明山东省在全国农业发展中的重要地位和作用。

三是山东乡村发展在全国具有典型代表性。随着城镇化、工业化进程，我国乡村发展的形态和格局日趋多元化、差异化，多样性成为乡村发展演变的重要特征。与全国的基本情况比较类似，山东同样存在东中西部发展不均衡的问题，同时拥有沿海、平原、山丘区、滩区、湖区等多种地形地貌。受区位条件、资源禀赋、发展基础等影响，山东乡村发展路径各具特色，一些村庄将实现城镇化，多数村庄将长久存在，少数村庄将逐渐衰落甚至消亡，因此，乡村振兴的发展路径不可能整齐划一，需要针对不同乡村探索不同的经验模式。从这层意义上讲，山东做法比较适合在全国层面借鉴、复制和推广。

四是山东对推动城乡融合发展问题进行了积极探索。新型城镇化着眼于解决乡村中已经进城或者将来有意愿进城的那部分人员融入城镇的问题，而乡村振兴的重点则是为留在农村或者愿意去往农村的那部分人员创造良好生产生活生态环境。目前，山东省常住人口已经突破1亿人，即便将来城镇化率达到70%的较高水平，还要有3000多万人在农村生产生活。近年来，伴随着城镇化的推进，山东加快农村社区建设，促进农业转移人口市民化，在解决“农民进城”问题的同时，还促进“城市人下乡”，在政府引导和市场力量的共同作用下，城乡发展要素双向流动，城市资本、技术、人才下乡的进程不断加快，农业农村已成为投资兴业新的热土。

二 乡村振兴齐鲁样板的内涵

从中央对乡村振兴的总要求看，实施乡村振兴战略，要把农村的生产、生态、生活统筹起来，一体化布局，既要实现农村经济的现代化，又要实现农村社会的现代化，努力缩小城乡居民在现代意识、科学精神、文明理念方面的差距，让乡村居民进一步拥抱现代文明的发展成果；既要让农民更多地分享国家发展的红利，又要让全体国民更多地分享农业农村提供的优质物质产品、文化产品和生态产品，使农业农村的发展更好地服务于城乡居民对美好生活的新期待、新要求。通过深入分析山东农业农村发展实际，对照中央关于乡村振兴的总要求，对于打造什么样的乡村振兴齐鲁样板，《山东省乡村振兴战略规划（2018—2022年）》给出了这样的答案：生产美产业强、生态美环境优、生活美家园好“三生三美”融合发展。

生产美、产业强，是乡村振兴齐鲁样板的基础。在过去，物资匮乏的年代，饥馑之苦深深地烙在人们的记忆里，促使人们在农村改革以后把农业发展的目标集中在增加产量上，希望单产、总产越高越好，整个社会更关注“有没有”而不是“好不好”的问题。在这种情况下，山东农业的发展与全国很多地方一样，走的是一条产量导向之路。为实现增产的目标，山东农业生产陷入高投入、高消耗、低效率的循环，由此造成的面源污染问题十分突出，农业发展还远远达不到“生产美”的要求。

随着经济社会的发展，温饱已经不再是困扰发展的根本问题，人们对农产品品质、安全、营养的要求越来越高，客观上要求转变农业发展方式，走质量兴农、绿色兴农的道路。因此，打造乡村振兴齐鲁样板，要以绿色低碳、高质高效为主攻方向，深化农业供给侧结构性改革，在保障粮食安全的基础上，积极培育农业“新六产”，健全完善利益联结机制，让农民合理分享全产业链增值收益；要加快构建现代农业产业体系、生产体系、经营体系，不断提高农业创新力、竞争力、全要素生产率，提高农业质量、效益、整体素质，实现由农业大省向农业强省转变。

乡村振兴看齐鲁

山东省青岛市即墨区灵山镇中河北村的农民在大棚里管理多肉植物。近年来，灵山镇大力发展特色种植业，当地依托花卉产业资源优势，鼓励农民打造多肉植物生产研发基地和休闲旅游基地，结合市场需求推行“订单多肉”种植模式。目前，当地可年产200多个品种的多肉植物300余万盆。（新华社发，梁孝鹏　摄）

生态美、环境优，是乡村振兴齐鲁样板的标志。目前，我省一些地区，农村公共产品和公共服务的供给还不能满足人民群众对美好生活的新期待、新要求，生活垃圾和生活污水还没有完全得到无害化处理，农村环境还不够整洁优美，农业面源污染和农村生活污染已经成为农村发展绕不开的话题。因此，打造乡村振兴齐鲁样板，要坚定践行绿水青山就是金山银山的理念，以乡村绿色发展、环境靓丽为主攻方向，统筹山水林田湖草系统治理，大力发展美丽经济，聚焦聚力农村“七改”，全面提升美丽乡村建设水平；要强化农业农村生态产品供给，推动经济生态化、生态经济化，把生态优势转化为产业优势、可持续发展优势，实现百姓富与生态美的统一，为建设美丽中国增绿添彩。

生活美、家园好，是乡村振兴齐鲁样板的目标。从内部环境看，农村的传统规范正在失去其固有的功能，而现代规范在一些地方还未能有效建立和发挥作用，片面追求经济增长、忽视社会事业发展和精神文明建设的倾向逐渐滋生蔓延，农村曾经引以为傲的生态环境、淳朴敦厚的乡土民风在一定程度上遭到破坏，诚信缺失、道德失范的现象数见不鲜。因此，打造乡村振兴齐鲁样板，要坚持以人民为中心的发展思想，坚持物质文明与精神文明一起抓，以文化兴盛、乡村善治、共同富裕为主攻方向，把提高脱贫质量放在首位，千方百计增加农民收入、壮大集体经济，培育文明乡风、良好家风、淳朴民风，健全自治、法治、德治相结合的乡村治理体系，实现物质富裕、精神富有、和谐美丽的统一，让农民过上美好生活，让农村成为安居乐业的美好家园。

明确乡村振兴齐鲁样板的核心要义，能够为全省干部群众描绘出一个清晰蓝图，让广大干部群众厘清什么样的思想、行为符合这样的目标要求，什么样的思想、行为不符合这样的目标要求，使大家心往一处想、劲往一处使，自觉凝聚起推动山东乡村振兴的磅礴力量。

链接

媒体眼中的山东乡村振兴

2018年3月10日，《人民日报》以《扎扎实实把乡村振兴战略实施好——习近平总书记重要讲话在山东各界引发热烈反响》为题，头版报道山东各界就如何落实总书记重要指示，发展乡村、建设乡村展开的大讨论。

2018年5月14日，《光明日报》在头版头条刊文《产业兴旺　人才支撑　文化铸魂　山东乡村振兴干在实处》。该报道从拓宽农业产业链、造就乡土人才、文化铸魂三个方面对山东的乡村振兴工作进行了评价。

2018年6月1日，新华社刊发题为《山东：绘制乡村振兴的“齐鲁样板”》的文章。文章从农业大省再领乡村振兴新答卷、“齐鲁风情画”映衬全国“富春山居图”“三生三美”初显乡村新图景三个方面，报道了“山东立足本省优势，在更高标准、更高层次上推进农村现代化建设，打造乡村振兴的齐鲁样板”的实践。

2018年6月13日，中央电视台新闻联播“在习近平新时代中国特色社会主义思想指引下——新时代　新作为　新篇章”系列节目推出《山东：打造乡村振兴的“齐鲁样板”》报道，指出山东省在习近平新时代中国特色社会主义思想指引下，深刻认识实施乡村振兴战略的重要性和必要性，统筹推进乡村产业振兴、人才振兴、文化振兴，努力打造乡村振兴的“齐鲁样板”。

2018年7月11日，《农民日报》在头版关注山东着力打造乡村振兴“齐鲁样板”，报道指出：山东由省委书记任农村工作领导小组组长，推动出台了由《中共山东省委、山东省人民政府关于贯彻落实中央决策部署实施乡村振兴战略的意见》《山东省乡村振兴战略规划（2018—2022年）》和乡村五大振兴工作方案组成的“1+1+5”政策规划体系，明确了乡村全面振兴的“路线图、时间表、任务书”。

部分中央媒体关于山东实施乡村振兴战略的报道

三 如何打造乡村振兴齐鲁样板

打造乡村振兴齐鲁样板，本质上是要为我国实现农业农村现代化提供山东方案，探索山东路径。这就要求全省各地发挥主观能动性，立足当地资源禀赋、产业优势、文化特点、生态环境等条件，在生产美产业强、生态美环境优、生活美家园好上下功夫，绘就多样化的“齐鲁风情画”，形成具有山东特色的现代版“富春山居图”。因此，打造乡村振兴齐鲁样板的具体路径必定是多样化的，齐鲁样板的具体模式也不可能完全一致。但同时，乡村振兴的齐鲁样板应该具备一定的核心要件，只有达到这些标准，一个地方才能称得上是乡村振兴齐鲁样板县、样板乡镇、样板村。而这些核心要件主要体现在乡村振兴齐鲁样板指标体系当中。

乡村振兴齐鲁样板指标体系既体现了走在前列的要求，又不好高骛远，可操作、能量化，便于考核和评估。概括起来，乡村振兴齐鲁样板指标按照“产业兴旺、生态宜居、乡风文明、治理有效、生活富裕”总要求，形成了“六五四三三”的体系框架，即产业兴旺“六化发展”，包括品质化、水利化、机械化、科技化、信息化、融合化；生态宜居“五有建设”，包括有村庄规划、有卫生厕所、有垃圾处理、有污水处理、有道理硬化；乡风文明“四率提升”，包括文明村镇达标率、学前入园率、文化中心覆盖率、生态安葬率；治理有效“三项工程”，包括社区服务站建设工程、雪亮工程、综治中心建设工程；生活富裕“三个维度”，包括农民收入、城乡差距、生活质量。乡村振兴齐鲁样板指标体系共涉及27项具体指标，其中约束性指标9项、预期性指标18项。各地应对标乡村振兴齐鲁样板指标体系，因地制宜创造性地开展工作，持续推进当地农业农村现代化，努力蹚出一条符合当地实际的乡村振兴之路，不断丰富乡村振兴的山东实践。

各地在具体工作中，要按照习近平总书记提出的推动乡村产业振兴、人才振兴、文化振兴、生态振兴、组织振兴，推动乡村振兴健康有序进行“六个推动”的要求，统领农业新旧动能转换、乡村人才培养、齐鲁乡村文明建设、美丽乡村建设、新型乡村治理体系构建、保障改善农村民生等工作，强化体制机制创新、规划实施保障等制度性供给；要结合《山东省乡村振兴战略规划（2018—2022年）》确立的87项重大工程、计划、行动，扎实推进每项重点任务落地到位、落实见效；要按照山东省推动乡村振兴五个工作方案的具体要求，抓重点、补短板、强弱项，推动农业全面升级、农村全面进步、农民全面发展。

在目标设定上，我省围绕打造乡村振兴齐鲁样板村，结合以往美丽乡村建设的指标设计，重点突出环境改善和基础设施提升“两大重点”，实施“三步走”战略，每五年一个大台阶，到2022年，全省30%的村庄基本实现农业农村现代化，建成乡村振兴齐鲁样板村；到2030年，60%以上的村庄要基本实现现代化；到2035年，除搬迁撤并村外，全部村庄基本实现现代化。通过点上示范、面上展开、连片发展、整体提升，山东省最终要把乡村振兴的一个个“盆景”连成一道道“风景”，形成一片片“风光”，为全国乡村振兴贡献山东方案。

四 山东打造乡村振兴齐鲁样板具有哪些优势条件

山东是农业大省。党的十八大以来，省委、省政府以习近平新时代中国特色社会主义思想为指导，持续推进“三农”改革发展，农业农村现代化建设取得了显著成就，具备了全面实施乡村振兴战略的坚实基础和优势条件。

一是农业综合生产能力显著增强。全省农业增加值位居全国第一，农林牧渔业总产值接近万亿元大关。粮食总产量连续6年稳定在900亿斤以上，蔬菜、水果、肉类、水产品等主要农产品产量均居全国前列，农产品出口连续19年居全国第一。农产品质量品牌建设实现新突破，优质绿色农产品比重持续增加，在全国率先推出“齐鲁灵秀地、品牌农产品”省级农产品整体品牌形象，启动农产品“双证制”管理，“三品一标”企业、产品分别达到3561家、7508个。农业科技创新迈出新步伐，物质技术装备条件极大改善，农作物耕种收综合机械化率达到83%，农业科技进步贡献率达到63.27%。农村一、二、三产业交叉融合，农业“新六产”的框架布局基本形成，农村电商、定制农业等新兴业态蓬勃发展。

二是农村发展活力持续增强。农村集体土地承包经营权确权登记颁证任务基本完成，全省农村土地承包经营权流转面积达到家庭承包耕地面积的34%，土地经营规模化率达到40%以上。农村集体产权制度改革实施意见出台，纳入全省经济社会发展综合考核体系。农村“两权”抵押贷款试点启动，建立农村产权交易中心，形成县、乡、村三级联动运作模式。稳步扩大特色农产品目标价格保险试点范围，农产品价格形成机制不断完善。新型农业经营主体发展壮大，全省规模以上龙头企业达到9600家，农民合作社19.2万家，家庭农场5.5万家，农业社会化服务组织超过20万个。

乡村振兴看齐鲁

近年来，德州市武城县积极探索农地抵押贷款，成为山东省产城融合推进就地城镇化试点县，同时被列为全国农村承包土地的经营权抵押贷款试点县。在这里，农地经营权成为“合格”抵押品，有效“贷”动农户致富。图为武城县农村综合产权交易中心工作人员（左一）为群众介绍农地抵押贷款相关流程、政策。（新华社发）

三是农民生产生活条件明显改善。农村基础设施建设不断加强，农村道路、厕所、供暖、供电、学校、住房、饮水“七改”工程全面提速，人居环境整治加快推进。全省基本形成以县道为骨架、乡道为支线、村道为脉络的农村公路网络体系，实现了与国省干线公路以及城市道路的有效对接互通，在“村村通”的基础上启动农村道路“户户通”工程。农村垃圾污水治理水平显著提高，实现城乡环卫一体化所有村庄全覆盖，形成了成熟的“户集、村收、镇运、县处理”垃圾处理模式，“建设运营一体、区域连片治理”的污水治理模式初步形成。大力推进农村危房改造，累计改造危房近40万户，建档立卡贫困户危房改造任务基本完成。

四是城乡统筹发展机制初步形成。以人为核心的新型城镇化水平稳步提升，全省常住人口、户籍人口城镇化率分别达到60%和50%以上。城乡居民收入比持续缩小，农村居民人均可支配收入增速连续七年高于城镇居民。农村公共服务不断完善，整合建立起全省统一、城乡一体的居民基本医疗保险制度，医疗保险待遇水平稳步提升；推进城乡居民养老保险整合，在全国率先建立起省、市、县三级完整的居民养老保险制度体系；推进县域义务教育优质均衡发展，优质教育资源向农村和贫困地区延伸。

五是脱贫攻坚取得决定性进展。全面打响脱贫攻坚战，向贫困发起总攻，建立完善了五级书记抓、党政一起上的脱贫攻坚领导体系，省负总责、市抓推进、县乡抓落实的责任体系，多渠道全方位的监督体系和最严格的考核评估体系。坚持精准扶贫精准脱贫基本方略，形成“1+25+23”脱贫攻坚政策体系，积极推进光伏、旅游、电商、金融、教育等重点领域扶贫，构建了产业、行业、社会扶贫开发新格局。全省各级共选派4万多名第一书记驻村抓党建促脱贫攻坚，8600家企业开展结对帮扶。聚焦深度贫困地区和老弱病残特殊贫困群体，以前所未有的力度推进脱贫攻坚，黄河滩区居民迁建规划获得国家批复，易地扶贫搬迁工作成效显著。“十二五”期间累计实现500多万名省标以下贫困人口稳定脱贫，贫困发生率由7.2%下降到0.3%。

六是乡村治理水平显著提升。大力推进过硬党支部建设，农村基层党建工作取得明显成效。全面推行村级重大事项民主决策、民主管理、民主监督，落实“四议两公开”、党务村务财务公开、村干部“小微权力清单”等制度，有效保障了村民参与村庄管理的权利。加强农村法治体系建设，实施“雪亮工程”，开展“民主法治示范村”创建活动。加强农村德治体系建设，开展“四德工程”示范县创建，实现行政村善行义举“四德榜”全覆盖。乡村治理能力和水平不断提高，农村稳定和谐局面更加巩固。

五 山东打造乡村振兴齐鲁样板面临哪些挑战

必须清醒地看到，我省乡村发展还存在一系列深层次矛盾和问题，需要在推进乡村振兴战略的过程中认真加以解决。在产业方面，农业发展的结构性矛盾突出，农产品阶段性供过于求和供给不足并存，农业供给质量亟待提高；农村一、二、三产业融合发展深度不够，农业新经济发展还不够充分，规模小、占比低，科技创新对农业发展的贡献还不够大。在生态方面，农村环境和生态问题比较突出，农业资源环境压力大、面源污染依然严重，与美丽山东的要求还有很大差距。在文化方面，农村优秀传统文化有待进一步深入挖掘，公共文化供给质量仍需提高，农村不良风气和陈规陋习依然存在。在人才方面，农村人口老龄化、村庄“空心化”严重，留住人、留住年轻人的机制尚未建立起来，村庄普遍缺人气、缺活力、缺生机。在乡村治理方面，村集体经济总体薄弱，一半左右的村庄集体没有经营性收入，农村基层组织软弱涣散现象比较突出，村干部年龄老化，乡村治理能力和体系亟待强化。在公共服务方面，城乡基础设施、公共服务和收入水平差距依然较大，脱贫攻坚成果巩固长效机制尚未完全建立，城乡之间要素合理流动机制亟待健全。这些是我省实现乡村全面振兴的薄弱环节和突出短板，需要聚焦聚力、实现突破。下一步，需要围绕乡村振兴齐鲁样板，设置具体的指标考核评价体系，确定科学合理的测算分值及考核权重，切实推进规划落实。

结语

“上下用心，惟农是务。”新时代，新使命，新征程。打造乡村振兴齐鲁样板的号角已经吹响，山东“三农”发展的新画卷即将迤逦展开，广袤的齐鲁大地必将焕发出全新活力：在未来的发展中，乡村不再是城市繁荣兴盛的背景板，农民也不再是市民分享红利的旁观者，而是共同包蕴在中华民族伟大复兴和现代化建设的亮丽风景中。全省上下要坚决贯彻习近平总书记关于乡村全面振兴的重要指示精神，进一步汇聚打造乡村振兴齐鲁样板的合力，以更大的决心、更明确的目标、更有力的举措，推动农业全面升级、农村全面进步、农民全面发展，谱写新时代乡村全面振兴山东篇章。

谋划布局开新篇

——如何科学谋划山东乡村振兴的大格局

导 语

尽管多年的中央一号文对推动农村发展、增加农民收入起到了重要的作用，但是总体上来看，政策侧重点在城市，农村一直被放在城市的从属地位。从空间上看，农村也是被动地去接收城市发展的带动和辐射。乡村振兴战略的提出，是把乡村放在了与城市平等的地位上，把乡村作为一个有机整体。实施乡村振兴战略必须要实现双轮驱动，统筹国土空间开发格局，优化乡村生产生活生态空间，分类有序推进乡村发展，构建城乡协调联动的融合发展格局。

一 如何统筹城乡发展空间

改革开放以来，我省进入了快速城镇化阶段，截至2017年底，全省常住人口城镇化率已经达到了60.6%，可以预计今后相当长的一段时间，人口仍然会向城镇聚集。总体上看，我省城乡二元结构依然没有完全破解，城乡之间不平衡发展问题依然突出。不破解城乡二元结构，实现城乡融合发展，就不可能从真正意义上实现乡村振兴。城镇化进程中，生产要素向城镇流动是必然的趋势，但是只有人口流动与物质要素流动相一致时，才是健康、合理、协调的流动。要统筹城乡发展空间，突破城乡空间分割，首先需要科学推进城乡规划一体化。推动多规合一，加快城乡产业发展、基础设施、公共服务、资源能源、生态环境保护等一体化进程，在空间形态上使城市更像城市，乡村更像乡村。其次是有序推进城乡人口流动。这就需要我们从纷繁复杂的事物表象中把准乡村的发展特质，对乡村人口流动的趋势及空间分布有准确的把握，对乡村的区位条件、个性和亮点进行全方位的认识和了解。同时，要以人的城镇化为核心，以基本公共服务均等化为关键，构建山东半岛城市群、大中小城市、小城镇和农村新型社区等空间载体，提升城镇人口集聚功能。最终按照有利生产、方便生活、适度集中的要求，引导和调控城乡融合发展，合理确定农村新型社区和乡村建设模式、数量、布局和建设用地规模，形成分工明确、梯度有序、开放互通的城乡空间结构体系。

二 如何优化农村“三生”空间

乡村空间有其自然性、区域性、复合性等特点，乡村往往可以利用自然生态系统，形成适宜人居的环境。乡村空间又具有强烈的血缘和地缘关系，同时生产生活生态空间是叠加和重构的，不容易清楚区分开来。具体来说，乡村生产空间是以提供农产品为主体功能的国土空间，兼具生态功能；乡村生活空间是以农村居民点为主体、为农民提供生产生活服务的国土空间；乡村生态空间是具有自然属性、以提供生态服务或生态产品为主体功能的国土空间。

乡村“三生”空间的优化，应按照“生产空间集约高效、生活空间宜居适度、生态空间山清水秀”的总体要求，坚持人口资源环境相均衡、经济社会生态效益相统一，营造乡村平等共享的生活网络和景观协调、自然演替的生态系统，延续人类和自然有机融合的乡村空间关系。

将乡村生产逐步融入区域性产业链和生产网络，引导乡村产业集聚发展，集约高效。适应我国乡村生产空间正经历以家庭为单元的土地细碎化经营向多种形式的适度规模化经营转变的大趋势，扶持种粮家庭农场、合作社、龙头企业等新型农业经营主体，发展农业生产性服务业，鼓励开展代耕代种代收、大田托管、统防统治、烘干储藏等市场化和专业化服务。同时，鼓励第二产业重点向县城、重点乡镇及产业园区集中。

合理规划建设村民活动中心、村级办公场所、公园、停车场等村落公共生活空间，充分满足农民休闲、娱乐等各方面的需求。加快建设乡村电子商务服务体系，建立集乡村菜市场、便利店、快餐店、配送站、再生资源回收点，以及健康、养老、看护等大众化服务网点于一体的城镇商贸中心，开展快件代收自取、电子缴费、乡村养老等便民服务。

坚持景区化、景观化、可进入、可参与理念，做足“水林田”三篇文章，水系发达的乡村体现水乡韵味，平原乡村营造田成方、树成簇的平原美景，丘陵地区乡村打造山村风貌，沿海地区乡村表现海洋风情，构建城乡一体的新型生态空间形态。重视山体形貌维护、植被修复养护、水系岸线防护，做到不推山、不砍树、不填塘，不人为取直道路，不盲目改变河道流向，充分体现具有山区、平原、水乡、海滨等不同地域特色的自然风貌。

链接

乡村版众创空间怎么玩？

朱家林田园综合体是山东唯一全国首批10个田园综合体试点项目之一，规划面积28.7平方公里，涉及10个行政村23个村民大组，总人口16000人。朱家林田园综合体以农民合作社、农业创客为主体，致力于建成“独具特色的创意型田园综合体”。2017年省审核备案的莓林苑、智圣农场、布拉格香草园、蚕宝宝家庭农场、为民服务中心5个一、二、三产业融合项目全面开工建设，新招商项目沂蒙大妮、天河本草园、十六庄园等农业产业化项目也已落地。此外，创意核心区已完成乡村生活美学馆、主题民宿一条街、再生之塔、创客中心等项目，创客公寓、社区中心、桥头服务区等配套设施正在建设。

（资料来源：《山东商报》2018年1月24日）

三 乡村振兴为什么要分类推进

今后5年，我省城镇化率将继续提高，有可能超过65%，城镇化进入快速发展与质量提升的新阶段，乡村人口向城镇转移的大趋势不会改变，大量农民仍然生活在农村的国情也不会改变，部分区域可能出现逆城镇化现象。乡村人口规模和村庄数量持续减少，乡村人口老龄化加剧，农业劳动力规模继续缩减。乡村分化趋势更加明显，复兴、消亡和整合态势并存，乡村的独特价值和多元功能将进一步得到发掘和拓展。2018年中央一号文件《中共中央 国务院关于实施乡村振兴战略的意见》提出要坚持因地制宜、循序渐进，科学把握乡村的差异性和发展走势分化特征，做好顶层设计，注重规划先行、突出重点、分类施策、典型引路。既尽力而为，又量力而行，不搞层层加码，不搞一刀切，不搞形式主义，久久为功，扎实推进。

随着经济社会发展，乡村分化是一个必然的趋势，一些发展基础好、地理位置优越、具有丰富资源禀赋的村庄会实现振兴，另一些边远的、不便的村落，发展基础差，会逐渐衰落，这些都是不以人的意志为转移的。实现乡村振兴不是让每一个村庄都去振兴，应该分类施策，根据发展现状和需要，分类有序推进乡村振兴，对具备条件的村庄，要加快推进城镇基础设施和公共服务向农村延伸；对自然历史文化资源丰富的村庄，要统筹兼顾保护与发展；对生存条件恶劣、生态环境脆弱的村庄，要加大力度实施生态移民搬迁。

四 如何分类推进村庄发展

对乡村进行科学合理分类是乡村振兴精准施策的关键，相关规划在进行乡村分类时应充分考虑我省乡村发展的现状和今后一段时期乡村发展的趋势和要求。(1)应偏重于乡村发展的趋势性。不同于基于乡村现状的分类标准，规划更多基于乡村振兴发展方向性进行分类，综合考虑今后乡村的建设形态、居住规模、服务功能和资源禀赋等因素，将村庄分为示范引领型、特色发展型、改造提升型、搬迁撤并型四种类型。(2)需要充分考虑乡村发展的差异性。在综合分析了全省乡村总体情况的前提下，粗略估算了各类型村庄可能的占比，四种类型的村庄占比大约为20%、20%、40%、20%。同时考虑到我省东中西经济社会发展水平的差异，不同类型的村庄分布呈现巨大的区域差异，在同一类型村庄的内部，发展基础也会存在很大的不同。(3)坚持目标导向和问题导向统一性。既从实现全面建成小康社会与基本实现社会主义现代化走在前列的目标倒推，厘清到时间节点必须完成的任务，又从迫切需要解决的问题顺推，明确不同类型村庄重点推进工作的领域。5年后示范引领型和一部分特色发展型乡村基本实现农业农村现代化，确保高质量、高水平全面建成人民群众认可、经得起历史检验的小康社会后，乘势而上，在开启社会主义现代化新征程中走在前列；到2035年前，几乎所有村庄实现发展质量效益更高、民主法治更加健全、生态环境更加优美、人民群众更加富裕、社会更加文明和谐，基本实现农业农村现代化，在社会主义现代化进程中走在前列。

示范引领型村庄。特指资源禀赋丰裕、生态环境友好、产业支撑较强、地理位置优越、集体经济实力雄厚的村庄和一些有特点的城市近郊区村庄。这些村庄大部分已经实现了振兴。例如威海市西霞口村，位于山东半岛的最东部，东、北部临海，地理位置优越，渔业资源丰富。全村地处丘陵地带，为山岭环绕，陆地东西、南北最大距离均为2公里，占地面积4平方公里，其中山峦面积375公顷，沿海滩涂及水面、水底可养殖面积1000余公顷，环境优美。西霞口是一个村企合一、实行企业化管理的村庄，集体经济强。改革开放以来，实现了从传统小农经济向现代化大渔业、从渔业经济向工业经济、从工业经济向商贸旅游经济的多次成功跨越，坚持壮大村级经济与提高村民生活同步推进，不断改善村容村貌，培养文明新风。这样的村庄具有典型的示范引领型作用。示范引领型村庄不仅自身发展好，而且能够带动周边村庄的发展，比如西霞口就兼并周边的柳夼、冯家庄村等多个乡村，在帮助这些村庄发展的同时，也拓展了自己的发展空间，被兼并村庄闲置的资源得到开发利用。山东像西霞口这样的村庄还有很多，比如临沂的竹泉村、烟台市南山村等。示范引领型村庄规划设计高点定位，基础设施配置齐全，公共服务功能完善，村容村貌整洁有序，房屋建筑特色鲜明，农村环境优美宜居，民主管理制度健全，乡风习俗文明健康，特色产业优势明显，一、二、三产业融合发展，农村集体经济实力、人口和产业吸纳带动能力不断增强，农民生活幸福安康。

乡村振兴看齐鲁

山东寿光三元朱村是全国冬暖式蔬菜大棚的发祥地，该村党支部书记王乐义同志发起了中国北方蔬菜种植的“绿色革命”。图为三元朱村统一规划建设的村民新居。（新华社发）

特色发展型村庄。具备特色资源、产业基础较好，尤其是文化底蕴深厚、历史悠久、风貌独特的村庄，可以打造乡村振兴特色村。特色资源类村庄，包括历史文化古村、传统村落、自然风光独特村及民族村寨等。例如济南市朱家峪村，是中国北方地区典型的山村型古村落，历史悠久。明洪武初年，朱氏家族自河北枣强迁到该村，距今有600多年历史。朱家峪村被誉为“齐鲁第一古村，江北聚落标本”，至今仍完整地保存了原来的建筑格局。虽经数百年沧桑，仍较完整地保存着古桥、古道、古祠、古庙、古宅、古校、古泉、古哨等建筑，上下盘道，高低参差，错落有致。四面青峰隐隐，溪中碧水悠悠。我省类似朱家峪村这样保存如此完整的古村并不多，但是具有丰富历史文化资源，有待开发的村庄却很多。山东第一批“乡村记忆”工程文化遗产名单就公布171个传统文化村落，这些村庄几乎都是需要特色发展的村庄。要统筹保护、利用与发展关系，保护历史文化资源和传统建筑，传承民风民俗和生产生活方式，探索设立村庄建设保护红线，推动特色资源保护与村庄发展良性互促，充分彰显红色记忆、黄河文化、运河文化、海洋风情、山区风貌等内涵特质。

他山之石

位于河南省鹤壁市淇滨区西部的上峪乡，属太行山东麓浅山丘陵地带，是省级贫困乡。2016年9月，上峪乡桑园村等7个村被列为全国乡村旅游扶贫重点村。日前，淇滨区通过整合政府项目资金和社会资本，依托淇河沿岸传统民居和自然风光，打造桑园小镇乡村旅游项目，通过设立扶贫示范户，直接解决贫困村民就业，使他们走上脱贫的道路。图为游客在游览鹤壁市淇滨区桑园小镇的传统民居。（新华社发）

改造提升型村庄。相对示范引领型、特色发展型村庄，改造提升型村庄产业基础薄弱、生产生活条件亟须改善、空心化比较严重，在全省村庄中占比较高，改造提升时间跨度大，数量众多，是乡村振兴的重点和难点。这类村庄缺乏特色，缺乏人气，缺乏资源，发展的突破点较少。需要通过推进综合型的经济、社会等制度改革引领其振兴。应科学确定村庄发展方向，在原有规模基础上有序推进改造提升，以人居环境整治特别是垃圾、生活污水和村容村貌提升为重点，激活产业、优化环境、提振人气、增添活力，配套完善村庄基础设施和公共服务，对残旧房屋、废弃宅院等进行合理利用，使村容整洁、道路通达、环境卫生、适宜居住，加快建设宜居宜业的美丽村庄。

搬迁撤并型村庄。主要包括不具有保留价值的空心村、列入城中村改造或农村新型社区建设计划，以及山区、库（湖）区、盐碱涝洼区、黄河滩区、采煤塌陷区等特殊区域的村庄，如实施黄河滩区居民迁建、易地扶贫搬迁的村庄。以黄河滩区居民迁建为例，涉及60余万人，众多乡村。这些村庄受特殊地理环境等因素制约，洪灾风险大，自救能力差，产业发展严重受限，以种植业为主，基本无工业，属于典型的农业经济，经济发展落后，群众收入水平低。另外，滩区基础设施条件差，投入严重不足，难以布局建设较大的基础设施，交通、水利、电力等设施薄弱，教育、医疗、文化等社会事业发展滞后，滩内外经济社会发展差距不断加大。这类村庄应严格限制新建、扩建活动，通过合村并点、生态搬迁等方式，瞄准群众最关心、最直接、最现实的利益问题，以保障农民基本生产生活条件为底线，进行一般性的村庄整治，原则上不进行大规模的基础设施和公共服务项目建设，满足人居环境干净整洁的基本要求。

延伸阅读

韩俊：在乡村分化背景下乡村振兴应该分类施策

乡村振兴战略要科学把握乡村发展趋势，分类施策。2017年中国乡村总人口比2010年已经减少了9080万人，比2000年减少了3.13亿人，也就是一年上千万的人口离开农村，迁入城市，这个过程还没有结束。现阶段中国乡村的格局正在快速地演变分化，处于一个大调整，大分化时期。

随着经济社会发展，乡村分化是一个必然的趋势，这是我们可以观察到的。比如说有一些城郊的农村向城市形态靠拢。有一些居住、发展产业的村庄会重振，一些边远不便的村落，它会逐渐衰落，这些都是不以人的意志为转移的，实现乡村振兴不是让每一个乡村都去振兴。对城郊型的乡村要改造提升，建设现代化的新型社区。就像北京大型的郊区要发展都市农业，建设一大批现代化的新型社区。对宜业宜居的乡村激活产业，优化环境，提振人气，增添活力，培养一批生态宜居的美丽村庄。对一些自然遗产，文化遗产资源丰富的村庄，必须要坚持保护优先。中国现在有一些村庄你去看，500年的历史，上千年历史的村庄有的是，对这些自然遗产，文化遗产资源丰富的村庄，我们的政策是坚持保护优先。把改善农民的生产生活生产条件与保护自然统一起来，传承一批历史文化古村。对地处边远，环境恶劣的村庄，有一些未来是不适合居住的，在现阶段这些村庄有大量的留守老人、妇女、儿童，也要做好留守人群的基本公共服务，要循序渐进地撤并一批衰退的村庄。

（资料来源：中国发展高层论坛2018年，网易财经）

结语

乡村分化趋势明显，复兴、消亡和整合态势并存，乡村的独特价值和多元功能将进一步得到发掘和拓展。应对好村庄空心化和农村老龄化、延续乡村文化血脉、完善乡村治理体系的任务相当繁重。乡村振兴不搞一刀切、千篇一律的标准作业，需要因地制宜，坚持分类推进，科学把握乡村的多样性、差异性、区域性，精准施策，同时也要注重当前和长远相结合，合理设定阶段性目标任务，量力而行、久久为功。

产业兴旺强根基

——如何实现生产美产业强的发展愿景

导 语

万丈高楼平地起，打好基础最要紧。乡村要振兴，产业是源头，是基础，是保障。只有抓住产业振兴这个“牛鼻子”，才能吸引资源、留住人才；只有经济兴盛，才能富裕农民、繁荣乡村。打造乡村振兴的齐鲁样板，必须紧紧抓住产业振兴不放松，从深化农业供给侧结构性改革入手，大力发展现代高效农业，推动农村一、二、三产业融合，加快农业新旧动能转换，努力在提质、培新、建体系、富口袋上下功夫，不断提高农业创新力、竞争力和全要素生产率，实现由农业大省向农业强省的转变。

一 为什么说产业振兴是乡村振兴的基础

乡村振兴涵盖经济、政治、社会、生态、文化等多方面的内容。其中，产业发展是乡村振兴的物质基础。产业是由利益相互联系的、具有不同分工的、由各个相关行业所组成的业态总称。无论是城市还是乡村，产业的最大意义在于吸纳就业人口，提供收入来源。没有一定的产业基础作为保障，乡村振兴就会成为无源之水、无本之木。我国春秋时期就有“仓廪实则知礼节，衣食足则知荣辱”的说法，表明古人很早就敏锐地观察到物质建设在社会文明发展中的作用。产业不兴旺，经济不发展，农民就没有可靠持久的收入来源，农民的生活就没有幸福和富裕的支撑，一切美好的设想就没有牢固的根基。产业不兴旺，经济不发展，村集体就没有能力去提供必要的公共服务和基础设施，农村生态宜居、乡风文明、治理有效、生活富裕的目标只能停留在纸面上。产业不兴旺，经济不发展，就不能创造更多的就业机会和岗位，无法吸引大量有志从事“三农”工作的优秀人才到乡村创新创业和发展，就不能为乡村振兴吸引和凝聚强大的人才队伍和人力资源。因此，在实施乡村振兴战略的过程中，必须把产业发展放在重要位置。只有产业发展了，人民群众的生活水平提高了，乡村振兴才有后劲和动力；只有经济基础打牢了，乡村振兴的成果才能保住和延续。

乡村的产业振兴，指的是包括农业在内的各业振兴。农业是乡村的基础产业。进入新时代，农业振兴的关键不是单纯的产量拔高，而是通过深化供给侧结构性改革，在巩固提升综合生产能力的基础上，推动适度规模经营，健全社会化服务体系，提高标准化、品牌化水平，使农业走上绿色、高效、可持续发展的道路。实现农业振兴，要开发农业多功能性，让农业更好地满足人民群众对美好生活的要求；实现农业振兴，要提升农业价值链，让职业农民通过从事农业生产经营能够安身立命、获取社会平均收入、实现人生价值。其他各业的发展要因地制宜，围绕农业生产、农民生活、农村发展做大做强加工销售、交通物流、休闲旅游、信息咨询、金融保险等二、三产业。作为我国农业大省和粮食主产区，山东推动乡村产业振兴，要把保障国家粮食安全放在突出位置，切实承担起维护国家粮食安全的责任，不断提高农业综合生产能力，大力发展高效绿色种养业、农产品加工流通业、休闲农业和乡村旅游业、乡村服务业、乡土特色产业，培育农业农村发展新动能，让乡村振兴更有底气。

二 产业振兴的主要任务是什么

实施乡村振兴战略，应该紧紧抓住产业振兴不放松，找准本地农业发展的基础优势，坚持质量兴农、绿色兴农、品牌强农，以农业供给侧结构性改革为主线，大力发展农业“新六产”，培育激活农业发展新动能。具体来说，产业振兴主要抓好以下四个方面的工作：

第一，推进农业高质量发展

深入实施质量兴农战略，把现代高效农业作为产业振兴的“牛鼻子”，加快农村产业结构调整步伐，给农业插上科技的翅膀，提高粮食、蔬菜、畜禽产品等保障能力，提升农业供给体系的整体质量和效益。创建农业领域“山东标准”，打造一批果菜茶标准园、畜禽标准化示范场、水产健康养殖示范场等标准化示范点，建设各类标准化生产基地。大力实施“齐鲁灵秀地 品牌农产品”品牌引领行动，加快发展无公害农产品、绿色食品、有机农产品和地理标志农产品，建设农产品质量品牌强省。落实政府属地管理责任、部门监管责任和生产经营者主体责任，加强“从农田到餐桌”全过程监管，强化农药监督管理，构建农产品质量安全追溯体系，全面推进农产品质量安全县建设，创建农产品质量安全省。

延伸阅读

全国蔬菜质量标准中心

2018年7月12日，为加快蔬菜产业提质增效转型升级，推动蔬菜优质化品牌化发展，全面提升蔬菜质量标准水平，“全国蔬菜质量标准中心”在寿光成立。“全国蔬菜质量标准中心”将遵循标准生产、质量评价、安全防范、优质优价的功能定位，建立完善联合攻关、信息发布、企业参与、市场引导等机制，重点打造国际一流的质量评价中心、标准体系建设中心、国家品牌培育中心和信息交流中心，逐步建立与国际接轨的蔬菜质量标准。力争到2022年，完善蔬菜全产业链标准体系，构建蔬菜相关产品质量评价体系，推动全国蔬菜质量准则加快形成，全面提升我国蔬菜产品质量安全水平和市场竞争力。

第二，大力发展新产业新业态

要推进农村一、二、三产业深度融合发展，以种养业为基础，大力发展农产品加工业、商贸物流服务业，不断延伸农业产业链，重塑价值链，完善利益联结机制；要围绕拓展农业多功能性，推进农业与旅游、教育、文化、健康养老等产业深度融合，大力发展休闲度假、旅游观光、养生养老、创意农业、农耕体验、乡村手工艺等，使之成为繁荣农村、富裕农民的新兴支柱产业；要依托互联网等新技术，大力发展农产品电子商务、众筹农业、品牌农业等新产业新业态；要大力支持返乡下乡人员创业创新，鼓励利用新理念、新技术、新模式、新渠道开发农业农村资源，发展优势特色产业，开展生产生活服务，不断拓展农村创业空间。

乡村振兴看齐鲁

青岛市即墨区因地制宜推出多项特色农家乐、渔家乐、采摘乐等乡村游活动，吸引游人走进乡村、亲近自然。图为游客在山东青岛市即墨区龙泉街道莲花山庄体验收获红薯的乐趣。（新华社发，梁孝鹏 摄）

农村电商和乡村旅游是新产业新业态的“两大重点”。推动农村电商发展，关键是推动工业品、消费品下乡和农产品、旅游纪念品进城双向流通。农产品、旅游纪念品上行，需要加快建立健全适应农产品电商发展的标准体系、质量安全追溯体系和诚信体系，培育一批区域性、垂直性电商平台，扩大农产品网上销售。推动乡村旅游发展，要实施休闲农业和乡村旅游精品工程，依托特色农业、高效农业、高科技农业等农业园区打造主题农业公园、田园综合体，推进文旅小镇建设；要保留传统的农业耕作系统和耕作方式，加以活化，建设农业生态（活态）博物馆。

数说

山东省农村电商发展成果

服务体系不断完善：全省涉农县基本建成了县、乡、村三级服务网络，在阿里巴巴、京东、苏宁易购等企业电商平台上线“鲁产名品馆”、设立83个“地方特色馆”。

示范带动能力不断增强：全省已发展“淘宝村”243个、淘宝镇36个，认定省级电子商务示范县50个，11个欠发达革命老区县成为国家电子商务进农村综合示范县。

交易规模不断扩大：2018年上半年，全省农村网络零售额373.56亿元，同比增长54.84%，增速高出全国13.25个百分点。

第三，构建现代农业产业体系、生产体系、经营体系

构建现代农业产业体系，一是要大力发展农产品加工业，推进农产品及加工副产物综合利用，加强现代生物和营养强化技术

研发，加大食品加工业技术改造支持力度，实施主食加工业提升行动，开发适销对路的新产品和具有保健功能的食品；二是要挖掘农业的生态价值、休闲价值、文化价值，加快培育休闲农业和乡村旅游、田园综合体、海洋生态牧场综合体、农业特色小镇等发展亮点，推动农业“接二连三”，实现全环节提升、全链条增值、全产业融合，实现一产强、二产优、三产活；三是要完善农业支持保护制度，主要是改革完善财政补贴政策，深化粮食收储制度和价格形成机制改革，完善农村金融保险政策和农产品贸易调控政策，保护和调动农村积极性，促进农业产业健康发展。同时，应优化农业重点产业区域布局，充分发挥各地比较优势，因地制宜发展适应性农业，大力推进农业产业化经营，形成产业集群，提高农业综合效益。

构建现代农业生产体系，一是要持续加强农田基本建设，加强水利特别是农田水利建设，大规模推进土地整治、中低产田改造和高标准农田建设，全面提高农业发展的物质技术支撑水平；二是要推动农业科技创新，大力发展现代种业，推进农业信息化，加快建立现代农业产业科技创新体系，加强关键技术科研攻关，推进成果转化和技术推广；三是要推进农业标准化生产，实施农业标准化战略，突出优质、安全、绿色导向，健全农产品质量和食品安全标准体系，从源头上保障农产品质量安全；四是要大力发展生态循环农业，开展农业清洁生产，控制农业用水总量，减少化肥农药使用量，实现畜禽粪便、农膜、秸秆资源化利用。

构建现代农业经营体系，一是要大力发展多种形式的规模适度经营，推进农村土地承包经营权确权登记颁证，强化土地承包经营权纠纷调解仲裁，发展土地流转、土地托管、土地入股等多种形式的适度规模经营；二是要积极培育新型职业农民和新型农业经营主体，积极发展农业职业教育，健全职业农民制度，引导和支持种养大户、家庭农场、农民合作社、龙头企业等发展壮大，并使其逐步成为发展现代农业的主导力量；三是要健全农业社会化服务体系，大力发展农业产前产中产后服务业，积极发展病虫害统防统治、农机承包作业、养殖业粪污专业化处理等服务，支持开展粮食烘干、农机场库棚、仓储物流等配套设施服务，鼓励发展“家庭农场+社会化服务”的经营模式，积极实现小农户和现代农业发展有机衔接。

第四，切实担负起保障国家粮食安全的责任

推动产业振兴，要把抓好粮食生产作为重要的政治任务，实施“藏粮于地，藏粮于技”战略，保护耕地数量，提升耕地质量，集成推广粮食绿色高产高效技术模式，推进粮食生产功能区、重要农产品生产保护区和特色农产品优势区建设，着力加强粮食生产能力建设。

划定粮食生产功能区，要以永久基本农田为基础，分别划定小麦、玉米、水稻粮食生产功能区，加大对粮食生产功能区的政策支持，提升粮食产业质量效益和市场竞争力，确保建成千亿斤粮食产能省。

划定重要农产品生产保护区，要依据区域土地资源特点和种植传统，在永久基本农田内，划定棉花、花生、大豆等重要农产品的生产保护区。对于棉花来说，重点工作是完善激励机制和支持政策，保障棉花生产能力。而花生和大豆则要稳定种植面积，以提高机械化作业水平、推进规模化经营、提升产品附加值为重点，促进产业提质增效。

特色农产品优势区建设，要发挥规划引领作用，优化特色农产品区域发展布局，建立评价标准和技术支撑体系，打造一批品种丰富、优势明显、集群发展的园艺产品、畜产品、水产品、林特产品等特色农产品优势区，其中重点打造50个特色优势明显、产业基础好、发展潜力大、带动能力强的省级以上特色农产品优势区。

第五，促进农民增收

在产业发展中要把“富民”作为重点，推动“一镇一业”“一村一品”，壮大乡村特色产业，推广农村社区和产业园区“两区同建”模式，促进农民就地就近转移就业。同时，也要注意完善农民与经营主体间的利益联结机制，通过保底分红、股份合作等多种形式，让农民合理分享全产业链增值收益。

三 农业如何“接二连三”

农业“新六产”，是新时代我省对农业农村经济经营方式的理论创新、实践创新，是继农业产业化之后的又一重大创举。发展农业“新六产”，就是在“种养加”“贸工农”“产加销”一体化的基础上，开发农业多种功能，促进农林牧渔业与加工、流通、旅游、文化、康养等产业深度融合，推动产业链相加、价值链相乘、供应链相通“三链重构”，打造农业产业化升级版。发展农业“新六产”，要围绕打造终端型、体验型、智慧型、循环型四种新业态，重点培育农业“新六产”发展新模式。

打造终端型业态。立足农产品的开发生产与加工增值，在农产品产加销一体化的基础上，构建农产品从田头到餐桌、从初级产品到终端消费无缝对接的产业体系。以优势特色产业为基础，发展农产品初加工、精深加工、商贸物流等后续产业。以农产品加工业为骨干，向前延伸发展规模化、标准化原料基地，向后延伸发展流通业和餐饮业。以商贸物流业为引领，发展农产品订单式种养殖基地及配套的产后加工、生产服务。

打造体验型业态。立足农业多种功能的挖掘与拓展，促进农业生产、农产品加工与休闲观光（垂钓）、农耕体验、文化传承、健康养老、节庆采摘、科普教育深度融合，构建集生产、生活、生态功能于一体的农业产业体系。挖掘地方特色农产品加工、传统农耕文化，引入创意元素，发展参与式、体验式、娱乐式创意农业。依托优势景观资源和乡村文化底蕴，发展吃住游购一体化的乡村旅游。

打造循环型业态。立足农业废弃物和加工副产物的资源化利用，发展生态农业、绿色农业、循环农业，构建生态保护与效益并举、可持续发展的产业新体系。在农业各产业间，打造产业上下游有机关联、“资源—产品—农业废弃物—再生资源”完整的农业生物产业链，提高资源综合利用率。推广先进农产品加工技术，对加工副产物进行梯次利用，“吃干榨净”，生产各类精深加工产品，提高农产品加工增值效益。推广应用环保技术，加大废弃物处理力度，实现加工企业的清洁化生产，发展绿色循环经济。

打造智慧型业态。立足科技进步和模式创新，发展智慧农业、农村电商等新产业新业态。利用互联网、物联网、云计算等现代信息技术，对农业生产、加工、营销全过程进行智能化控制，发展精准农业、智慧农业。利用“大数据”和“互联网+”等信息技术，发展农产品电商平台。借助创意产业的发展理念，将现代科技和人文要素融入农业生产、加工及流通领域，发展定制式创意农业。

乡村振兴看齐鲁

近年来，山东省临沂市费县共发展57个电商服务站，将当地农民和互联网连接在一起，形成一张细密的电商网络。图为大田庄乡黄土庄村的奇尚农村电商服务中心，工作人员在处理来自全国各地的订单。（新华社记者邢广利　摄）

四 如何给农业插上科技的翅膀

2013年11月27日，习近平总书记在山东省农业科学院视察时强调，要给农业插上科技的翅膀，加快构建适应高产、优质、高效、生态、安全农业发展要求的技术体系。总体来看，科技对我省农业发展的支撑作用不断增强，农业科技进步贡献率从2012年的60%提高到2017年的63.27%，但是与发达国家相比，农业科技水平仍有较大的提升空间。因此，在打造乡村振兴战略的齐鲁样板过程中，山东省要深化农业科技“展翅”行动，综合应用工程装备技术、生物技术、信息技术、环境技术，加快发展设施农业，推进从拼资源拼消耗向科技强农、绿色护农的动能转换。我省实施农业科技“展翅”行动的重点工作是：

第一，推进农业科技创新。按照“自主创新、加速转化、提升产业、率先跨越”的思路，以科技创新为动力，以技术推广为载体，加强前瞻性现代高效农业科技研发，引领产业提质增效转型升级。充分利用各种农业科技资源，搭建农科教创新平台。建立成果转化激励机制，加快农业科技成果转化。加强现代农业产业技术体系创新团队建设，探索建立“创新团队+基层农技推广体系+新型职业农民培育”的新型农业科技服务模式。

第二，加快现代种业发展。推进种业研发创新，深入实施现代种业提升工程和农业良种工程，加强种业创新基础理论和关键技术研发，加快培育一批具有广阔应用前景和自主知识产权的突破性品种。完善新品种区域试验评价及展示推广体系，加强优势种子繁育基地建设。培育壮大种业企业，重点培育一批具有国内外较强竞争力的“育繁推一体化”种子企业。鼓励企业兼并重组，优化资源配置，加快做大做强。强化种子市场监管，健全种子质量检测体系，完善品种审定、保护、退出制度，规范种子生产经营管理。

第三，加快发展智慧农业。大力实施“互联网+”现代农业战略，应用物联网、云计算、大数据、移动互联等现代信息技术，推动农业全产业链改造升级。加大智慧农业科技创新平台建设力度，推动农业技术创新，以人机物一体化、装备设施网络化、生产经营智能化为方向，开展关键技术攻关，研发一批推动智慧农业发展的关键技术。加快智慧农业公共服务平台建设，建立完善农业大数据采集、共享、分析、使用机制。以农业物联网技术为核心，依托“三区、三园、一体”等，实施智慧农业应用示范工程。鼓励农产品生产基地、农产品加工企业依托网络平台开发定制农产品，为消费者提供个性化定制服务。

乡村振兴看齐鲁

山东省邹平县明集镇金坤生态园技术员在给农民讲解大棚自动气象站的运转情况。该设备可以采集大棚内的光照、温湿度、气压、土壤酸碱度等数据。（新华社发，董乃德 摄）

延伸阅读

山东省智慧农业发展目标

围绕农业、林业、畜牧、渔业全产业链发展，以产业发展为基础，以数据应用为统领，以试验示范为支撑，到2022年，实现数据互联互通、产业融合发展、服务高效便捷的智慧农业发展目标，加快涵盖农业、林业、畜牧、渔业的智慧农业大数据应用工程建设；建设济南、青岛、潍坊3个智慧农业试验区，依托生态优美的乡村旅游资源和特色农产品优势区，开展特色农业智慧小镇、农产品质量安全和电商快递服务农产品出村建设；以潍坊、临沂、济宁、德州为中心，依托农产品区域批发市场，建设4个区域性现代农业智慧物流基地，在全省范围内建设100个农产品智慧批发市场；建设以特色粮经、园艺产品、畜产品、水产品和林特产品等五大特色产业为基础的400个智慧农业应用基地；实施信息进村入户工程，全省建设7万余个益农信息社，实现村民享受公益服务、便民服务、邮政快递、电子商务和培训体验服务不出村。

——《山东省人民政府办公厅关于加快全省智慧农业发展的意见》（鲁政办字〔2018〕142号）

第四，提升农业机械现代化水平。实施装备优化提升、技术示范推广、作业规模推进、智慧农机、人才培育等项目，推进全程全面、高质高效“两全两高”农业机械化。开展关键急需、智能高效、绿色环保农机装备研发创新，提高农机装备信息收集、智能决策和精准作业能力，着力提高棉花、水果、蔬菜、中草药等经济作物机械化作业水平，加大丘陵山区机械化率提高力度。加大新机具、新技术试验示范和推广应用力度。实施农机现代化标配工程，促进信息化与农业机械化深度融合。加强农业机械化技术人才培训，培育一批热爱农机、善于钻研、技艺精湛的“农机工匠”。培育壮大一批农业机械装备产业集群，打造全国重要的智能农机装备生产基地。

五 如何推进农业质量品牌建设

近年来，适应我国社会矛盾的新变化、新要求，山东省以打造农产品质量安全省为目标，启动实施质量兴农、品牌强农、绿色富农“三大行动”，加大农业领域“山东标准”建设，推进农业标准化、绿色化、优质化、特色化、品牌化，推动数量规模农业向质量品牌农业转变。

第一，加强农业标准化建设。其中的一项基础工作就是健全食品安全和农产品质量全链条标准体系，创建农业领域“山东标准”。重点要聚焦农业、林业、水利、畜牧、渔业、粮食流通加工、农业社会化服务等领域基础标准制定，利用寿光蔬菜生产和流通优势，积极创建国家蔬菜质量标准中心，以标准引领农业高质量发展。在制定标准体系的同时，要推动标准的应用，以标准化生产创建活动为抓手，打造一批果菜茶标准园、畜禽标准化示范场、水产健康养殖示范场等标准化示范点，建设各类标准化生产基地。

第二，推进“食安山东”建设。狠抓农产品质量安全，重在落实政府属地管理责任、部门监管责任和生产经营者主体责任，加强“从农田到餐桌”全过程监管，全域推进食品安全市县和农产品质量安全县创建，打造食品安全放心省、农产品质量安全省。鼓励开发生产高效、低风险、低残留农药，加强农药、化肥等投入品生产、经营、使用监管，构建农产品质量网格化监管体系。落实最严格的农产品质量检测标准，健全农产品产地准出和市场准入制度，加快建立农产品质量监测预警、安全追溯体系。建立农产品生产企业信用信息系统，对失信市场主体开展联合惩戒。深入开展餐饮质量安全提升工程和农村食品安全提升行动。

第三，加强农业品牌建设。加快“齐鲁灵秀地　品牌农产品”建设，建立农产品品牌培育、发展和保护体系，提高涉农地理标志商标及其他商标注册、运用、保护和管理水平。组织实施山东农产品整体品牌形象塑造工程，培育一批区域特色明显、市场知名度高、发展潜力大、带动能力强的知名农产品区域公用品牌和企业品牌、产品品牌。加强无公害农产品、绿色食品、有机食品和农产品地理标志产品认证管理，推进“三品一标”示范县、镇、村创建。

延伸阅读

山东省农业农村质量品牌建设成效

近年来，以山东省省长质量奖、山东名牌产品、山东省服务名牌、山东省优质产品生产基地、全国知名品牌创建示范区建设为载体，大力培育涉农品牌，不断深化山东农业农村领域质量品牌建设。目前，全省共有9家涉农企业获山东省省长质量奖，占获奖企业总数（45家）的20%；共有9家涉农企业获山东省省长质量奖提名奖，占获奖企业总数（44家）的20.5%。共培育涉农山东名牌产品236个，占名牌产品总数（1536个）的15%；山东省服务名牌涉农单位37个，占服务名牌总数（543个）的7%。创建山东省优质产品生产基地涉农数量22个，占总数（37个）的59.5%。日照东港区人民政府、临沭县人民政府和禹城市人民政府分别获批全国特色农业（水产品、蓝莓、绿茶、桑蚕）知名品牌创建示范区、全国复混（合）肥产业知名品牌创建示范区、全国功能糖产业知名品牌创建示范区，占全省知名品牌创建示范区总数（11个）的27%。在2016年全国区域品牌价值评价结果发布会上，烟台苹果以545.95亿元品牌价值列农业区域品牌全国第2位。

山东省在全国率先启动农产品“双证制”管理，探索产地准出和市场准入有效衔接机制。被农业部列为农产品质量安全追溯试点省，新增省级农产品质量安全县16个，已建或创建完成整建制农产品质量安全市3个，安全县69个。试点运行国家农产品质量安全追溯管理平台，已建或在建市级追溯平台8个，县级追溯平台102个。截至目前，我省食品农产品认证证书达8453张，占全国比重8.36%。其中，无公害农产品有效证书4560张、绿色食品有效证书3103张、有机食品有效证书790张。有地理标志产品757个。积极参与中国与欧盟地理标志产品互认保护工作，国家质检总局将我省“烟台葡萄酒、烟台苹果、扳倒井酒、苍山大蒜、莒南花生、文登苹果、安丘大姜、安丘大葱、龙口粉丝、金乡大蒜”10个产品，纳入“中欧100+100”和“中欧10+10”地理标志产品互认保护目录。

六 农业如何更好地“走出去”和“引进来”

推动农业走出去和引进来，要坚持世界眼光、国际标准、山东特色，积极融入“一带一路”建设，充分利用国际国内两个市场、两种资源、两类规则，提升外向型农业产业化水平，在全国率先基本形成全方位、宽领域、多层次的农业开放合作新格局。

第一，提升农产品国际竞争力。山东农产品出口是有基础的。山东是全国首个出口食品农产品质量安全示范省，农产品出口额连续19年居全国第一。目前，我省省级“出口农产品质量安全示范区”达到106个，基本覆盖了全省农产品出口县（市、区）；国家级示范区49个，示范区农产品出口占全省农产品出口的99%；青岛、威海、烟台、日照、潍坊、莱芜、临沂、淄博、济南、枣庄、济宁、德州、东营13个市建成“出口农产品质量安全示范市”，实现示范区市域全覆盖。

因此，进一步提高山东农产品国际竞争力，需要从以下几个方面入手：一是加强农产品出口基地建设，重点面向日韩、东南亚等国际市场，大力发展农产品精深加工业，完善延伸产业链条，支持企业申请国际认证认可，提高出口农产品附加值。二是推动农产品出口产业集群集聚发展，引导农产品出口企业境外注册商标，支持涉农企业自主品牌出口，培育一批具有国际影响力的农业品牌，打造一批熟悉国际规则的农业龙头企业。三是强化行业协会、中介组织、企业联盟在推动和开拓国际市场中的作用，搭建农产品出口交易平台，鼓励农产品出口企业赴境外建设农产品展示中心，举办品牌农产品宣传推介活动。四是充分利用“互联网+外贸”等新型市场拓展方式，拓宽农产品出口渠道。加强重要农产品出口监测预警，积极应对国际贸易纠纷。

第二，推动农业企业“走出去”。长期以来，我国农业“走出去”经历了民间启动、国家战略实施的发展历程。“一带一路”建设为我国农业“走出去”带来极大的市场，山东农业企业应该抓住机遇，到国外资源相对丰富的地区，进行农业资源开发，建立境外生产基地、加工仓储物流设施、研发基地和营销网络，开展全产业链对外投资合作。在政策上，政府鼓励农业企业拓宽与“一带一路”沿线国家和重点区域的农业合作，在沿线国家建设境外农业园区和境外农业资源开发区，支持推动企业“抱团出海”，通过产业集聚发展，培育具有国际竞争力的大型跨国农业企业。远洋渔业也是农业“走出去”的一个重要领域。其发展重点是培育和打造高端远洋渔船及装备研发与制造基地，提升远洋渔船装备水平，试点推广远洋渔船液氮速冻模式，发展壮大大洋性渔业，积极发展南极渔业，加快推进远洋渔业海外综合性基地建设。

第三，加强农业国际合作。农业科技是农业国际合作的重要领域。要加强国际农业先进技术和装备的引进，重点是引进国外优良种质资源以及农业安全生产、标准化生产、病虫害综合防治和农产品加工、储藏、保鲜等领域的关键技术。涉农企业、高校、科研单位可以通过联建研发机构、委托或联合研发、技术论坛等方式，引进国外先进技术、种质资源的管理经验，在此基础上建设一批农业科技技术转移、示范服务基地。另外，要加强动植物疫病防控、蔬菜园艺、农业大数据、节水农业等领域国际合作。

产业兴，基础牢。只有产业发展得好，乡村才能真振兴。乡村的产业不光是农业，但农业是基础产业，而且不能再用传统的眼光看农业，现在的农业是“大农业”概念。产业振兴，需要充分开发农业多功能性，推动农村一、二、三产业的融合发展。要吸引城里的各类人才来农村，鼓励外出务工经商的农民回农村，投身到现代农业和乡村产业振兴。要推动质量兴农、绿色发展，把农业和农村的社会、文化、农耕文明联系起来，把城乡联系起来。在乡村振兴的大格局下，通过产业振兴，使农业实现快速发展和转型升级。最终，产业振兴要成为乡村振兴齐鲁样板一张靓丽的名片，能让全国人民甚至全世界人民更多地分享山东农业农村提供的优质的物质产品、文化产品和生态产品，能让有志于在山东从事农业生产经营的人由衷地认为农业是“最有干头、最有说头、最有看头，甚至是最有玩头的产业”。

汇聚人才显神通

——如何汇集乡村振兴的各类人才

导 语

党的十九大报告提出要“培养造就一支懂农业、爱农村、爱农民的‘三农’工作队伍”。2018年中央一号文件提出：“实施乡村振兴战略，必须破解人才瓶颈制约。要把人力资本开发放在首要位置，畅通智力、技术、管理下乡通道，造就更多乡土人才，聚天下人才而用之。”可以说，乡村振兴关键在人，核心是人才。乡村振兴首先是人才的振兴，乡村人力资源开发是乡村振兴的第一要务。

一 为什么要实现乡村人才振兴

乡村振兴是一个大课题，要实现乡村振兴战略“产业兴旺、生态宜居、乡风文明、治理有效、生活富裕”的总要求，必须要有坚实的人才基础和支撑。但是，长期的城乡二元体制驱使人才资源、人力资源从农村单向流向城市，使许多乡村出现凋敝现象，人才问题也成为乡村振兴中的一个突出问题。

以城乡二元体制将资源集中于城市，这一制度设计曾经具备一定的合理性，正是这一体制，将有限的资源集中在城市，带来了中国现代化的巨大成功。但毫无疑问，在中国即将完成全面建成小康社会的现阶段，城乡二元体制的负面效应已极为严重。例如，通过高考制度和户籍制度，将农村中的优秀人才选拔到城市，让几乎所有大专以上学历的劳动力集中在城市；通过劳动力市场制度，将农村中大部分青壮年劳动力吸引到城市成为农民工，使大多数农村只剩下“留守老人”“留守妇女”“留守儿童”；通过教育资源分配制度，将优质教育资源集中在城市，令农村中小学成为教育事业的短板。

明确提出乡村振兴战略，表明党和政府已决心彻底打破城乡二元体制，代之以城乡融合发展体制。推进城乡融合发展，根本是要促进城乡要素平等交换和公共资源均衡配置，让广大农民平等参与现代化进程、共同分享现代化成果。推动乡村人才振兴，能够有效提高农民的科学文化素质和生产经营能力，能够吸引一批农民工、中高等院校毕业生、退役士兵、科技人员等到农村创新创业，进而带动资金、技术、管理等要素流向农村，增强农村发展活力，繁荣农村经济，缩小城乡差距。因此，实现乡村人才振兴成为乡村全面振兴的首要任务。

二 乡村振兴主要需要哪些人才

从人才的来源划分，可以将乡村振兴需要的人才分为两类：一类是乡村本土人才，一类是社会各界外来人才。从人才的功能划分，可以将乡村振兴需要的人才分为三类：农业科技人才、农村实用人才、新型职业农民。

农业科技人才是指受过专门教育和职业培训，掌握农业行业的某一专业知识和技能，专门从事农业科研、教育、推广服务等专业性工作的人员。当前，我国农业科技人才培养普遍存在如下问题：一是培养总量不足，严重影响农业发展后劲；二是培养结构不合理，高学历高职称人员少，低学历低职称人员多，传统农业产业人员多，新兴产业人员少，缺乏应有活力；三是培养体系不完善，培训活动频次、内容设置不科学；四是评价机制不健全，缺乏有效的激励机制，现有农业科技人员流失现象严重；五是培养经费投入强度不够，影响农业技术创新和成果转化的顺利进行。因此，加快农业科技人才队伍建设，推动农业发展由传统的要素驱动、投资驱动转到创新驱动上来，是实现产业兴旺、乡村振兴的必然要求。

农村实用人才是指具有一定知识和技能，为农村经济和科技、教育、文化、卫生等各项事业发展提供服务，做出贡献，起到示范和带动作用的农村劳动者。按照从业领域的不同，农村实用人才一般可以划分为5种类型：生产型人才、经营型人才、技能服务型人才、社会服务型人才和技能带动型人才。其中，生产型人才主要是指在农村种植、养殖、捕捞、加工等领域达到较大规模，收益明显高于本地其他农户，并有一定示范带动效应、帮助农民增收致富的业主或技术骨干人员。经营型人才是指从事非农业经营、农村专业合作组织、农村经纪等生产活动，有一定规模并有一定经济收入、有较大示范带动效应或能吸纳一定数量的劳动力就业的农村劳动者，包括农民专业合作组织负责人和农村经纪人等。技能服务型人才主要指农民中专门或主要从事农业技术服务并具有较高水平的农村劳动者，具体包括动物防疫员、植物病虫害综合防治员、农产品质量检验检测员、肥料配方师、农机驾驶和维修能手等。社会服务型人才主要指在农村文化、教育、医疗、体育、就业、社会保障等领域提供服务的各类人才，包括乡村文体艺术人才、乡村教师、乡村医生等。技能带动型人才（能工巧匠）是指具有制造业、加工业、建筑业、服务业等方面的特长或技能，能带动其他农民掌握该技术或进入该行业的农村劳动者，如铁匠、木匠、泥匠、石匠、漆匠等手工业者。

名词释义

土专家、田秀才

“土专家”“田秀才”是人们对农村实用人才的俗称。“土专家”“田秀才”大多身怀一技之长，要么是传承技艺的巧匠，要么是带头致富的能人，他们活跃在田间地头，奉献在基层一线，是群众心目中的行家里手，是改变农村面貌的中坚力量。各地都应对身边的“土专家”“田秀才”高看一眼、厚爱一分、悉心呵护，在摸清乡土人才底子的基础上分门别类建立乡土人才信息库，掌握各人所专所长，充分发挥他们的聪明才智，激发他们创新创业的活力，让他们创业有机会、干事有平台、发展有空间。如此，方能形成“培养一批能人、带活一方经济、富裕一方百姓”的良好效应。

新型职业农民是以农业为职业、具有相应的专业技能、收入主要来自农业生产经营并达到相当水平的现代农业从业者。在社会分工中，农民实际上是一种职业而非身份概念，是指专门从事农业生产和经营的人。与传统农民相比，新型职业农民主要“新”在以下几个方面：一是拥有较高文化素养和农业专业技术能力，善于从事农产品经营；二是具有一定的开放性和流动性，既可以是本地农民，也可以是外地农民，作为一种职业可以自由流动；三是职业选择取决于自我选择和市场选择双重因素，善于应对市场变化。近年来，随着现代农业加快发展和农民教育培训工作的有效开展，一批高素质的青年农民正在成为专业大户、家庭农场主、农民合作社领办人和农业企业骨干，一批农民工、中高等院校毕业生、退役士兵、科技人员等返乡下乡人员加入到农民队伍，这些人都可以称之为新型职业农民。之所以要大力培育新型职业农民，是因为从事农业生产经营的劳动者素质高低，直接影响着传统农业向现代农业转型的进程，对于加快推进农业现代化、实现乡村振兴意义重大。

乡村振兴看齐鲁

实施乡村振兴战略，必须破解人才瓶颈制约。在山东，一群年轻农民忙碌在大棚、麦地、果园间，他们中的很多人是外出求学、打工、创业多年又回到农村的职业农民。带着新的理念和技术，年轻的他们从父辈手中接过宝贵的土地。图为邹平智农飞防有限公司负责人吴龙飞（左）和同事准备喷施农药。（新华社记者郭绪雷　摄）

三　怎样加强农村人才队伍建设

加强农村人才队伍建设，需要从引进和培养两个方面同时发力。一方面，聚焦“引进来”，大力实施高端人才引进计划；另一方面，聚焦“培养好”，加快提升乡村人才队伍素质。具体来讲，可以从五个重点领域入手。

一是加强农业科技人才队伍建设。强化农业科技领军人才“领头雁”的作用，依托泰山人才工程、外专双百计划等加大农业科技领军人才引进培养力度。围绕加快农业转型升级，适当增加农业领域泰山学者、泰山产业领军人才工程、外专双百计划支持数量，扩大引进海外高层次人才规模。加大省级引进外国专家项目支持乡村振兴力度，着力提升国外先进农业科学技术和科研成果开发利用水平。对接现代高效农业高端人才需求，按照“领军人才＋创新团队＋优质项目（优势学科）”模式，实行“一事一议”，面向全球引进顶尖人才团队，打造具有国际影响力的农业创新创业团队。建设支持乡村发展的国家一流高校和学科，吸引国内外高校来鲁设立涉农创新平台。依托现代农业产业技术体系创新团队建设，以农产品为单元、以全产业链为主线，吸纳全省农业科研机构及新型农业经营主体的农业科技人才，建立服务大宗主导农产品、优势特色农产品产业的创新团队，大力提高农业自主创新能力，加快科技成果向农业各个领域的转化与应用。

二是大力培育新型职业农民队伍。有计划地构建适应现代农业发展需要的科学培育体系，明确培育主体，丰富培育内容，制定有针对性的培育方案。对新型职业农民的培育应不局限于实用的专业技术，还应从农业科技发展、农业发展理念、农业文化、农场管理等方面入手提升其素养，让他们真正成为农民致富的榜样和农业发展的生力军。应重点实施新型职业农民培育工程，以现代青年农场主培养、新型农业经营主体带头人轮训、农村实用人才带头人培训计划为引领，以家庭农场、农民合作社、农业企业等新型农业经营主体领办人和骨干为重点开展新型职业农民培育，建设一批综合培育基地、农民田间学校、实训基地和创业孵化基地等。

链接

新型职业农民培育方案

山东将继续整省推进开展新型职业农民培育，实施现代青年农场主培养、新型农业经营主体带头人轮训、农村实用人才带头人培训3个计划。坚持分层分类推进，部、省、市、县四级联动，部、省级重点开展高、中级人才培养和师资培训，市、县级根据当地主导和优势产业发展需求，按产业类型组建培训班，统筹培育适应发展需求的各类型职业农民。按照产业周期全过程，实行“一点两线、全程分段”培训，以产业发展为立足点，以生产技能和经营管理水平提升为两条主线，分段开展集中培训、实训实习、参观考察和生产实践。建立新型职业农民信息管理系统和职业农民档案，及时记录职业农民接受教育培训情况，对认定后职业农民开展继续教育和知识更新培训。

三是强化基层农技推广人才队伍。2017年，山东出台了《加强基层农技推广人才队伍建设的二十条措施》，从规范机构管理体制、完善引进培养机制、健全服务保障机制、强化激励考核机制4个方面提出了20条措施方案。应以落实好20条措施为重点，着力提升农技推广人才综合素质和服务能力，确保全省农技推广队伍稳定在2万人以上。实施基层农技推广体系改革与建设补助项目，每年分层分批培训基层农技人员，力争5年内轮训一遍。认真落实乡镇农技推广人才相关待遇，完善基层农技推广人才队伍职称评审管理及岗位聘用办法，加大对优秀乡镇农技推广人员的奖励和宣传力度。

四是打造提升农村技能人才队伍。实施乡村人才技能培训计划，以提高科技素质、职业技能和经营能力为核心，对具有劳动能力和一定文化素质的农村劳动力、高校毕业生、退役士兵等返乡下乡创业人员开展就业创业培训；以农产品市场行情、选种育苗、病虫害防治、种植管理及农副产品深加工技术等为重点开展实用技术培训；以“技能培训田间课堂”“培训大篷车下乡”等形式开展职业技能培训；鼓励围绕乡村特色产业、乡村旅游和家庭服务业发展，开展乡村民宿、农家乐、渔家乐、藤编、柳编等特色产业培训。开展“送智下乡”活动，培育乡村职业经理人、乡贤名人、乡村工匠、非遗传人等。实施乡村振兴“巾帼行动”，加快农村妇女人力资源向人才资源转化。开展“齐鲁乡村之星”评选活动，加大选拔优秀农村实用人才力度。

链接

齐鲁乡村之星

“齐鲁乡村之星”，是指在农业生产一线和农村经济社会发展中直接从事生产、经营、服务等活动，道德品质高尚，社会担当意识强，具有较强的创新创业能力或一技之长，为推动当地农业现代化建设和农村经济社会健康发展做出突出贡献，起到较大示范带动作用，并得到社会广泛认可的优秀农村实用人才。2015年8月，山东省人民政府办公厅印发《齐鲁乡村之星选拔管理办法》(鲁政办字〔2015〕135号)，每2年选拔一次齐鲁乡村之星，管理期限为4年，管理期内每人每月享受省政府津贴1000元。齐鲁乡村之星纳入山东省高层次人才库，积极推荐政治素质好、参政议政能力强的齐鲁乡村之星作为各级党代会代表、人大代表、政协委员人选，优先推荐为各级优秀共产党员、劳动模范等，在示范推广项目、土地流转、金融信贷服务等方面给予齐鲁乡村之星重点支持。

五是加强农村党组织人才队伍建设。落实“扶贫先扶志、扶贫必扶智”的要求，坚持务实管用、增强实效，聚焦乡村组织振兴和精准扶贫、精准脱贫，依托国家和省农村实用人才培训基地，采取省外培训与省内培训相结合的方式，对省扶贫工作重点村党支部书记进行轮训，大力提高其综合素质，增强农村基层组织凝聚力和战斗力，推动乡村组织振兴。注重从大学生村官、村民组长、农村致富青年中发展党员，培养村级后备干部，改善农村基层党组织党员队伍的年龄结构、文化结构和知识结构，提高党组织的活力。发挥县、乡镇级党校的作用，提高农民党员干部的思想道德水平、科学文化水平、带头致富本领和发展农村公益事业的能力。

他山之石

近年来，苏渝皖等地创新基层党建工作，发挥“新书记”“新村干”“新乡贤”农村建设新力量的作用，凸显了农村发展新气象。图为江

苏省宿迁市宿城区埠子镇蚕桑村党支部书记周炳均将村内收购的鲜桑叶装车，送往山东委托第三方制作桑叶茶。（新华社发）

四 如何更好地吸引社会各界人才投身乡村发展

乡村振兴需要人才，除培育本土人才队伍外，还需要大批懂科技、懂市场、懂法律、懂管理的社会各界人才投身乡村发展。通过建立有效激励机制，以乡情乡愁为纽带，吸引支持企业家、党政干部、专家学者、医生教师、规划师、建筑师、律师等，通过下乡担任志愿者、投资兴业、包村包项目、行医办学、捐资捐物、提供法律服务等方式支持乡村振兴事业。

一是加大科技副职选派力度。充分发挥高层次人才在乡村振兴中的重要作用，研究制定吸引省内外高层次人才到山东县域挂任科技副职的激励措施，持续做好面向全省选派科技副职工作，指导有条件市县探索选派科技副镇长和省级经济园区科技副职。每年从高等院校、科研院所、国有企业选派高层次人才到各县（市、区）、国家级高新区、开发区挂任科技副职，并逐步增加选派数量。

二是完善科技特派员制度。科技特派员制度是一项源于基层探索、群众需要、实践创新的制度安排，主要目的是引导各类科技创新创业人才和单位整合科技、信息、资金、管理等现代生产要素，深入农村基层一线开展科技创业和服务。应进一步完善科技特派员选派政策，壮大科技特派员队伍。争取到2022年，全省科技特派员队伍规模达到1万人，实现涉农县（市、区）科技特派员服务全覆盖。

三是深化提升第一书记工作。坚持省派第一书记抓推进、市县第一书记抓提升的原则，在实现第一书记对扶贫工作重点村、软弱涣散村全覆盖的基础上，全面推行向集体经济空壳村选派第一书记。结合“万名干部下基层”中的乡村振兴服务队工作，持续开展对口帮包、联系帮带、干部驻村、双向挂职等工作。以县、乡为主体，全面选派乡村振兴指导员，实行对乡村组织的工作指导全覆盖。鼓励有条件的市、县（市、区），选派乡村振兴驻村工作队。

链接

山东“第一书记”扶贫记

2012年，借助中央部署开展“基层组织建设年”契机，山东从省直单位选派584名第一书记到全省最贫困的农村抓党建促脱贫，全省共选派2.6万名第一书记帮扶1.8万个工作薄弱的基层单位，齐鲁大地上刮起暖民心的干部驻村风。山东第一书记选派工作以“精准”为特征，精准选人、精准培训、精准支持，“党务干部到难村，政法干部到乱村，经济干部到穷村，农科干部到专业村”。截至目前，山东已连续选派三轮、2700多名第一书记，带动全省各级共选派4万多名第一书记进农村，形成了一套完整、规范、严肃的工作制度和体系。6年多来，“第一书记”当好党的政策的宣传队、农村党建的工作队、脱贫致富的服务队，取得了显著的工作成效。

山东“千名干部下基层”

2018年9月，山东从省直部门（单位）选派1000名左右干部，组成100个服务队，分别到农村、民营企业、省管企业开展服务工作，助力推动高质量发展、乡村振兴、新旧动能转换、脱贫攻坚等重大战略任务。100个服务队中，50个为乡村振兴服务队，重点到贫困人口较多、经济发展相对靠后的49个县（市、区），依靠乡镇（街道）、村党组织开展服务工作，每个队服务1个乡镇（街道）及所属5个村；50个为高质量发展服务队，其中，34个到各市民营企业开展服务工作，每个队服务5户民营企业；16个到省管企业开展服务工作，每个队联系1—2户省管企业。2019年，山东省委组织部印发《关于开展“万名干部下基层”工作的通知》，把“千名干部下基层”人员纳入“万名干部下基层”人员管理。

乡村振兴看齐鲁

近年来，山东省临沂市河东区“第一书记”以强村富民为重点，帮助任职村和社区发展高效农业，推动种养大户、致富能手成立经济合作组织，因地制宜发展工厂化双孢菇种植、太阳能光伏农业等高效、高科技农业。该区“第一书记”驻村以来，累计协调各类帮扶资金1360万元，新发展高效、高科技

农业32.5万亩。图为山东省临沂市河东区八湖镇坊上社区双孢菇工厂化生产车间，工人在采摘双孢菇。（新华社发）

四是支持青年人才返乡创新创业。实施“村村都有好青年”选培计划，吸引各行各业优秀青年返乡下乡创业，为农村发展党员、村“两委”班子做好人才储备。引导鼓励高校毕业生到基层工作，实施高校毕业生基层成长计划，开展“三支一扶”、大学生志愿服务西部、选调优秀高校毕业生到基层等工作，对农科类毕业生给予一定程度政策倾斜，引导人才向基层流动、在一线成长成才。

链接

大学生创业的典型

汶上县是山东省贫困县，义桥镇孔家楼村是汶上县493个行政村之一，居民以传统种植为主，居民平均收入低于全县平均水平。孔家楼村有大量留守妇女，过了农忙季节就成了闲置劳动力，每到过年的时候家家都会蒸花糕，寓意着红红火火、五谷丰登。2013年，大学毕业后便开始自主创业的邵阳阳被特聘为孔家楼村村委会主任。2016年冬季，邵阳阳通过手机直播花糕制作的全过程，一举使花糕成为网红产品，将村里生产的花糕卖向了全

国。2017年，邵阳阳获得600万元天使投资，创立了品牌“小村官喜洋洋”，并成立汶上县村官食品有限公司，成为大学生村官带领农民致富的典型。

五是鼓励社会事业人才服务乡村。实施“齐鲁基层名医”人才工程，支持城市二级及以上医院在职或退休医师到乡村医疗卫生机构多点执业，开办诊所、医生工作室。实施中小学教师“县管校聘”管理改革，逐步建立义务教育学段教师农村学校服务期制度，制定走教教师补助政策，支持各地开展银龄讲学计划，推动城镇优秀教师、校长向乡村学校流动。实施“文化名人下基层”工程，鼓励各级文化艺术专业人员赴乡村开展文化服务活动。

六是开展万名科技人员下乡活动。每年组织农业科技人员到农村生产一线，以推广绿色优质、稳产增产和抗灾减灾技术为重点，加大关键时节、关键环节的技术指导和农民培训力度。发挥好农业专家顾问团、现代农业产业技术体系创新团队和农村专业技术协会作用，推动科技人员进村、入户、到田。

五 如何为乡村人才振兴营造良好环境

通过创新培养成长机制、完善管理服务机制、健全使用激励机制等手段，不断完善人才培养、引进、使用、激励等方面的政策措施，为乡村人才振兴营造良好环境，使人才愿意来、留得住，促进人才向农村集聚。

一是探索人力资本开发新方法。加大现有人才培育力度，吸引山东籍高层次人才柔性回归乡村，建立自主培养与人才引进相结合、学历教育、技能培训、实践锻炼等多种方式并举的农村人力资源开发机制。以大学生、进城务工人员、退伍军人等群体为重点，吸引更多人才投身现代农业，培养造就心怀农业、情系农村、视野宽阔、理念先进的新农民。

二是激发人才创新创业新活力。研究制定鼓励城市专业人才参与乡村振兴的政策。完善高等院校、科研院所等事业单位专业技术人员到乡村和农业企业挂职、兼职和离职创新创业制度，按规定保障其在职称评定、工资福利、社会保障等方面的权益。健全农业科技领域科研人员以知识产权明晰为基础、以知识价值为导向的分配政策。探索公益性和经营性农技推广融合发展机制，允许农技人员通过提供增值服务合理取酬。支持新型职业农民享受创新创业扶持政策。

三是构建基层人才评聘新标准。推进人才发展体制机制改革，落实好基层专业技术人才职称评聘、创业扶持、待遇保障等措施。建立“定向评价、定向使用”的基层专业技术职称评价使用制度，侧重考察实际工作业绩。对具有副高级以上专业技术职务资格到乡镇事业单位工作的，可聘用到正高级基层专业技术岗位。研究制定农村人才培养和评价标准，开展农村人才评价与认定工作。

四是健全人才待遇保障新政策。支持地方设置人才“一站式”服务窗口，为乡村人才提供政策咨询、项目申报、融资对接、业务办理等服务。引导符合条件的新型职业农民参加城镇职工基本养老保险、职工基本医疗保险等社会保障制度。支持乡村医生按规定参加当地企业职工基本养老保险。全面落实乡村教师享受乡镇工作补贴、交通补助、教师体检、乡村特困教师资助等政策。鼓励有条件的乡镇、村（社区），建设乡村人才公寓。

链接

乡村人才公寓建设的德州实践

武城县为吸引人才下乡入村，建成集中型公寓8处，分散型公寓17处，实现乡镇（街道）全覆盖，吸引了中国工程院院士、辣椒育种专家邹学校，广药集团辣椒提取专家李新华等各类专家人才入住，2017年入住专家人才650余人次，帮助解决种植、养殖等问题1800余项。禹城市统筹镇、村两级资源，建成14处1750平方米乡村人才公寓，全部达到“拎包入住”标准，目前入住人才30多名。平原县建设乡村人才公寓17处55套，引进农业领域专家人才26名。临邑县各乡镇（街道）均建成1处集中型乡村人才公寓，共74套3410平方米。乡村人才公寓的出现，解决了往昔农业科技人才早晨下乡傍晚返程的舟车劳顿之苦，吸引了来自全国各地的农技专家扎根德州乡村，为现代农业提供及时的智力和技术保障。

五是创新人才激励奖励新举措。在推荐、选拔国家百千万人才工程人选、享受国务院政府特殊津贴专家、省有突出贡献的中青年专家、齐鲁和谐使者、齐鲁文化英才、齐鲁名师、齐鲁首席技师、省突出贡献技师等国家级或省级人才时，注重向基层专业技术人才倾斜。对长期在基层工作且业绩优异的农业科技人员、农技推广人员、卫生专业技术人员、乡村学校教师等按照规定给予表彰奖励，奖励结果列入职称评审标准。做好优秀乡镇农技人员、最美基层农技员、乡村教育突出贡献奖等评选工作。扩大乡村之星评选规模，每年评选一批具有较大示范作用的优秀农村实用人才。

结语

人才兴则乡村兴，人气旺则乡村旺。实现乡村人才振兴，最为根本的是要按照“事业吸人、环境诱人、感情引人、政策招人、责任催人、利益留人”的基本原则，结合山东实际，构建乡村人才振兴的可持续发展机制，让人才在乡村有事可干、有美景可享、有感情可寄、有政策受惠、有责任压身、有利可得，激励各类人才在农村广阔天地大施所能、大展才华、大显身手。

传承文明倡新风

——如何实现乡村文化振兴

导 语

习近平总书记指出："乡村振兴既要塑形，也要铸魂。" 乡村文化振兴，就是在实施乡村振兴战略中坚持物质文明和精神文明一起抓，繁荣兴盛乡村文化，培育文明乡风、良好家风、淳朴民风，改善农民精神风貌，不断提高乡村社会文明程度，焕发乡村文明新气象。因此，乡村文化振兴是决胜全面建成小康社会的重要任务，是新时代做好乡村精神文明建设的总抓手。

一 怎样强化乡村的思想政治引领

在乡村振兴战略的实施过程中，应坚持不懈用习近平新时代中国特色社会主义思想武装教育农村干部群众，以社会主义核心价值观为引领，突出思想道德内涵，组织实施“铸魂强农”工程，积极推进新时代文明实践中心建设，弘扬时代新风，凝聚起乡村振兴的强大精神力量。

一是用习近平新时代中国特色社会主义思想武装教育农村干部群众。深入开展面向乡村的理论学习宣传普及，让习近平新时代中国特色社会主义思想在齐鲁大地家喻户晓、落地生根，像阳光雨露一样走进千家万户，滋润干部群众心田，提振乡村精气神，引导干部群众心往一处想、劲往一处使，齐心协力创造幸福生活。深入开展“百姓宣讲”活动，贴近农民群众生活实际，采取群众喜闻乐见的形式，运用群众听得懂、听得进的语言，增进人们对习近平新时代中国特色社会主义思想的政治认同、思想认同、情感认同。加强对社会思潮的辨析引导，正本清源，扶正祛邪，帮助人们划清是非界限、澄清模糊认识，巩固和壮大乡村意识形态阵地。

链接

新时代文明实践中心

山东省认真贯彻落实中央和省委部署要求，着眼于让习近平新时代中国特色社会主义思想在齐鲁大地落地生根，着眼于凝聚群众、引导群众，以文化人、成风化俗，2018年启动新时代文明实践中心试点工作。山东建设新时代文明实践中心，以志愿服务为基本形式，通过从党校讲师、道德先模、文人名士等群体中招募讲师志愿者，开展丰富多彩的实践活动。各级文明实践中心、文明实践分中心、文明实践所等制定“菜单”，群众“点单”，讲师“埋单”，精心策划课程和内容，既开展形式多样的文化活动、节日庆典，又采取上门拜访、恳谈交流、心理疏导、公益帮扶、技术指导等方式，帮助群众解决生产生活、情感心理等困难和问题，让群众真正从文明实践活动中有获得感，真正让“文明实践”避虚就实、直抵人心。

二是推进社科理论普及。贴近基层干部群众的理论需求，加强政策宣传、知识传授、价值传播，不断提高农村群众的人文素养。开展“社科普及周”基层延伸行动，面向农村举办系列讲座、志愿服务、展览、知识竞赛等社科普及主题活动。实施社科普及示范体系建设行动计划，培育省级社科普及示范县（市、区）、示范乡镇（街道）和示范村（社区）。开展社科普及志愿服务行动，加强社科普及教育基地建设，组织社科专家基层行活动，发挥新时代文明实践中心、村居讲堂、道德讲堂等各类阵地作用，推动乡村党的理论和社科知识普及。满足基层干部群众对理论图书的需求，开展理论图书配送，重点向农家书屋、村居讲堂、社区阅览室等赠送理论读物。

三是开展政策宣讲。紧紧围绕党的理论创新成果、中央的决策部署和省委的政策要求，发挥讲师团、党校、社科研究单位、宣讲协会作用，运用各类新闻媒体和宣传文化阵地，推动民生政策宣讲，深入解读宣传党的“三农”政策和强农惠农富农举措，把政策措施讲透彻、讲明白，让党和政府的政策深入人心。注重吸纳农民宣讲员进入宣讲队伍，用亲身经历现身说法宣讲党的十九大精神。

四是加强基层理论骨干培训。发挥各级党校（行政学院）、干部学院的资源优势，加强对县及县以下宣传文化工作者特别是社科理论工作者、活跃在基层的专兼职理论宣讲员的集中培训。通过举办培训班、现场示范辅导、实地观摩等形式，推动基层理论宣讲骨干进乡入村进行讲习、培训，不断提高农民群众思想道德素质和科学文化水平。

二 如何更好地开展乡村文明创建

提升乡村文明程度需要实实在在的抓手，各类文明创建活动就是非常有效的抓手。山东将主要从“四德”工程、“新农村新生活”培训工程、文明村镇创建活动、文明家庭创建活动、“山东好人”选树活动、移风易俗行动等入手抓好乡村文明创建。

“四德”工程。“四德工程”即“爱德、诚德、孝德、仁德”，是以社会主义核心价值体系为主线，以建立良好道德规范和构建共有精神家园为目标，凝聚道德力量，形成推动发展的思想保障和精神支撑，“四德”分别对应中央提出的社会公德、职业道德、家庭美德、个人品德。山东坚持大处着眼、细处入手、实处用力，不断加强善行义举四德榜建设，通过立榜、荐榜、评榜、管榜、用榜，让更多的善行义举上榜，在家门口为凡人善举立传，让身边人成为典型，激发出群众内心深处见贤思齐、崇德向善的道德意愿，把每个人的“善小”汇聚起来，形成了德耀齐鲁、向上向善的文明社会风尚。目前，全省已建成善行义举四德榜9万余个，3000多万人次上榜，实现了善行义举四德榜行政村全覆盖。

链接

“四德”工程的“莱州探索”

山东“四德”工程建设的试点和探索起源于莱州市。当地有个800多人的山区小村叫朱家村，自1983年实行家庭赡养老人公示以来，村子没有发生一起赡养纠纷案和刑事案件，村民出门不用上锁，街上晒粮不用看守。2006年，莱州市委、市政府开始探索推行公民思想道德建设工程，即家庭美德以“孝”为切入点，职业道德以“诚”为重点，社会公德以“爱”为主题，个人品德以“仁”为目标。当年即发动全市群众签订四德责任状100多万份，在300多个村居树起了家庭养老榜，在全社会引发震动。2007年，山东省委宣传部总结莱州经验，大力推进“四德”建设。如今，“四德”工程已成为山东社会主义核心价值体系建设的有效载体和道德建设的品牌，“四德”之花在齐鲁大地处处绽放。

“新农村新生活”培训工程。将广大农村妇女作为重点培训对象，组织专家编写了居室美化净化、家庭伦理道德、亲子教育、文化娱乐、身心保健5本通俗读本，在全省免费发放100余万册。各级各地也根据实际编写了一批通俗易懂、图文并茂的系列教材。通过组织推荐、社会招募、个人申请等多种方式，吸纳各级妇联干部和广大高校教师、法律工作者、专家学者、志愿者，在全省建立起2000多个“新农村新生活”培训讲师团。通过对不同层面、不同需求的群众进行定向、订单、专题式培训，形成“妇联列单、群众选单、政府买单”的培训方式，大大激发了妇女群众参与的积极性。目前，全省累计举办培训班6.4万期，培训农村妇女668万人次，达到了“培训一人带动全家”的效果。

乡村振兴看齐鲁

近年来，山东省沂源县充分发挥广大家庭妇女心灵手巧的特长，积极围绕农产品加工、工艺品制作、特色种植等产业大力开展就业创业，目前全县形成种植、加工等特色产业近20种，带动当地6000余名家庭妇女实现居家就业创业增收，助推了乡村产业兴旺。图为山东省沂源县历山街道城南社区的几名妇女在加工装饰品。（新华社发，赵东山　摄）

文明村镇创建活动。山东提出“十三五”末全省县级及县级以上文明村镇占比80%的目标要求，力争打造一批孝心村、和谐村、生态文明村、移风易俗村、兴业富民村等特色示范典型。山东重视加强对文明村镇创建工作的动态管理，将文明村覆盖率及上升幅度等内容纳入文明城市、文明县（市、区）、文明镇评选指标体系。下一步，山东将推进“百镇千村”建设示范工程建设，在加强乡村文明行动“村容村貌、村风民俗、乡村道德、生活方式、平安村庄、文化惠民”六大建设的基础上，选择一批乡村文明行动示范村实施“乡村文明家园”项目。

文明家庭创建活动。山东制定出台了《关于开展“美在我家”主题活动推进家庭文明建设的意见》，以家庭素质、家庭伦理、家庭教育、家庭生活、家庭责任建设为重点，广泛开展“美在我家”主题活动。同时，不断深化“星级文明户”、寻找“最美家庭”、评选“五好家庭”，以及“村村都有好青年”“好婆婆好媳妇”等各具特色的创建活动，加强孝道文化宣传教育，建立完善文明家庭标准体系、推荐机制、动态管理、尊崇礼遇等长效机制。通过举办家庭文明建设巡礼活动，宣传文明家庭建设新成效，充分展现家庭文明建设新气象新风貌。

“山东好人”选树活动。山东积极开展“学雷锋，做山东好人”活动，建立了村、镇、县、市、省五级典型选树体系，不断完善山东好人、好人之星、道德模范逐级提升的选树链条，推动形成影响广泛深远的好人文化。建立道德模范评选表彰、学习宣传常态化、梯次推进的机制，持续不断地为社会树立道德榜样。利用“道德讲堂”等有效阵地，组织开展道德模范、“山东好人”巡讲活动，使他们的先进事迹广为流传。采取扎实有效措施，帮扶生活困难的道德模范和“山东好人”，在全社会形成“好人好报”的良好风尚。全省每年选树村级以上典型10万多名、县级以上1万多名，涌现出朱彦夫、王乐义、王伯祥等一批全国重大典型和道德模范，形成明星闪耀、群星灿烂的典型引领效应。

移风易俗行动。山东把移风易俗作为乡风文明建设的重要切入点，从“定规矩、建组织、严管理、强服务”等关键环节入手，在广大农村全面推行喜事新办、丧事简办、厚养薄葬。遏制婚丧嫁娶大操大办，婚事办理推行免费颁证和婚礼式颁证服务，丧事办理推广“传统模式、追悼会模式、社区模式”等丧葬简办模板。落实殡葬基本公共服务，推进公益墓地建设，全省14个市由政府承担基本殡葬服务费，新建改建公益性公墓5000多处。坚持党政主导、群众自治、党员带头，村民自己选举产生红白理事会，自主修订村规民约，制定红白事程序、标准和花费。目前，全省已成立红白理事会8.6万余个，培训红白理事会骨干5万余人，实现移风易俗纳入村规民约和红白理事会全覆盖，形成了“用乡规民约和社会舆论抵制陋俗”的良好社会氛围。

链接

殡葬改革的“沂水样本”

殡葬改革是移风易俗的重中之重，70%—80%的陈规陋习集中在殡葬这个环节。2017年5月10日，山东省临沂市沂水县实施了以“殡葬全免费”为核心的殡葬改革：对具有沂水户籍、在沂水去世的居民，殡葬过程中涉及的遗体运输费、火化费、骨灰盒费和公益性公墓使用费全部免除，由县、乡财政承担。改革确定了“三为主”“三不准”“三严禁”的指导原则，体现了全面性、全民性、彻底性，有媒体评价这一做法开创全国先河，形成了“沂水样本”。2017年6月30日，沂水县110处公益性公墓建成。截至目前，该县已有1万余户家庭享受到了殡葬全免费政策，实现了新逝人员100%进公益性公墓的成效，“厚养俭葬”新风尚蔚然成风。中央电视台新闻联播和焦点访谈、新华社、人民日报等100多家主流媒体作了全面报道，沂水殡葬改革经验写入《山东省乡村振兴战略规划（2018—2022年）》。

三 怎样提升农村公共文化服务水平

提升农村公共文化服务水平，重点是要推动城镇公共文化服务向农村延伸，使更多资源向农村和农民倾斜，按照有标准、有网络、有内容、有人才的要求，健全乡村公共文化服务体系，强化文化惠民项目与农民群众文化需求的对接。

一是加强乡村公共文化载体建设。坚持一院多能、一室多用，整合基层宣传文化、党员教育、科学普及、体育健身等设施，统筹建设各类活动场所。推进乡村综合性公共文化服务中心建设，制定建设标准，打造资源充足、设备齐全、服务规范、群众满意度较高的基层综合性公共文化设施和场所。加强文化礼堂、乡风家风馆、农家书屋、文体广场等文化阵地建设，部分中心村可以适度超前规划建设农民文化乐园。建设数字文化广场、无线网络等新兴文化设施，建设农村老年人文化活动场所。实施农家书屋网络化建设工程，推广农家书屋总分馆制和“一卡通”管理模式，构建以县级图书馆为总馆、乡镇中心农家书屋为分馆、村（社区）农家书屋为馆藏点的总分馆服务网络。实施农村文化广场——“百姓舞台”提升工程，建设农民群众欢迎、实用性强的农村文化广场设施网络，建立可持续发展的广场文化活动运行机制。

二是开展丰富多彩的群众性文化活动。加强各类资源整合，综合用好文化科技卫生“三下乡”、文化惠民消费季、文艺会演展演、“一村一年一场戏”免费送戏工程等平台载体，把更多优秀的电影、戏曲、图书、期刊、科普活动、文艺演出、全民健身活动送到农民中间，丰富农民群众文化生活。持续办好“文化惠民、服务群众”实事项目，每年为农村（社区）免费送戏1万场。深化“深入基层、扎根人民”主题活动，深入开展“我们的中国梦—文化进万家”活动，组织文化文艺小分队深入乡村开展送文化活动。加快推进“书香乡村”建设，精心组织农民读书节、读书月和“三农”主题书展、书市、大讲堂等活动。

链接

山东“文化惠民　服务群众”实事项目

山东“文化惠民、服务群众”实事项目自2012年开始实施。2012年的12件实事中，提出要“为农村（社区）群众免费送戏1万场”“扶持1000位‘非遗’传承人、民间艺人‘收徒传艺’”。这两件实事对保护传统文化意义重大，在之后的4年中一直被保留。也有一些项目经过几年实施后出现需求饱和，进入细化提升阶段。如2012年山东提出“为1万个村（居）建设、完善文化大院”，2013年变为“发挥农村文化设施作用，对1万家农村文化大院进行优化升级”。2015年的实事中增加了弘扬传统文化的元素，提出“深入实施乡村记忆工程，全省扶持24个试点单位进行传统村落保护利用”。2016年实事项目紧扣全省脱贫攻坚任务，专列扶持全省4200个贫困村建设综合性文化服务室、为全省农家书屋重点是7005个贫困村补充更新出版物和数字化升级。6年来，“文化惠民、服务群众”办实事工程逐步走上规范化的道路，成为山东保障文化民生的重要举措，将文化强省建设所释放的“文化福利”真正深入到农民群众的生活中，让“文化福利”最终为人民群众所共享。

三是繁荣农村题材文艺创作。加强农村题材文艺创作的规划和扶持，组织动员作家艺术家开展农村题材文艺创作生产，推出一批具有浓郁乡村特色、充满正能量、深受农民欢迎的农村题材文艺作品。探索建立“深入生活、扎根人民”资金政策保障机制和作家艺术家下基层挂职锻炼制度，组织作家艺术家开展采访采风活动，筛选一批重点优秀作品，在出版、展示、推介等方面给予资金扶持。发挥“泰山文艺奖”“群星奖”导向性作用，打造自下而上的群众文艺作品选拔提升平台，引导全省群众性戏剧、音乐、曲艺、舞蹈、杂技、美术、书法、摄影、民间艺术创作。加大对农村题材文艺作品创作的扶持力度，评选推出一批优秀农村现实题材文艺作品，全省性文艺评奖突出农村题材，省级报刊、广播电视台对优秀农村题材作品在刊发、播出、宣传评介等方面给予重点支持。

四 如何更好地弘扬传承乡村优秀传统文化

党的十九大报告指出，要“深入挖掘中华优秀传统文化蕴含的思想观念、人文精神、道德规范，结合时代要求继承创新，让中华文化展现出永久魅力和时代风采”。这一思想落实在乡村振兴战略中，就是要重视乡村优秀传统文化作为独有的历史记忆和思想表达，要充分发掘乡村传统文化的底蕴、精神和价值，并赋予其时代内涵，发挥其在凝聚人心、引导村民、淳化民风中的作用，使之成为推动乡村振兴的精神支撑和道德引领。

一是传承发展优秀传统文化。充分挖掘优秀传统农耕文化蕴含的思想观念、人文精神、道德规范，创造性转化、创新性发展，强化道德教化作用，引导农民群众爱党爱国、向上向善、孝老爱亲、重义守信、勤俭持家。完善“图书馆+书院”模式，推进尼山书院标准化建设，建立全省尼山书院联盟，形成孔子故里独有的特色与优势。推进曲阜优秀传统文化传承发展示范区、齐文化传承创新示范区建设。继续实施乡村儒学和社区儒学推进计划，加强师资力量培训，以基层群众喜闻乐见的形式，推动有条件的乡镇综合文化站、农村（社区）基层综合性文化中心设立儒学讲堂，推动儒家文化进乡村。组织编写《中华传统文化大众化系列通俗读物》《中国传统文化读本》《中国民间文学大系》（山东卷）等，创作推出一批符合农村群众需求的传统文化通俗读物。开展“我们的节日”主题活动，利用传统节日组织开展花会、灯会、庙会等民俗活动，打造节会品牌。梳理挖掘地域文化、乡土文化，科学策划、组织开展节事活动，打造乡村文化名片。

链接

山东乡村儒学现象

山东乡村儒学计划源于2012年底济宁泗水县圣水峪镇开设的“乡村儒学讲堂”，在孔子诞生地尼山脚下，依托尼山圣源书院，用通俗的语言向当地百姓讲授敬老爱亲、修身齐家等儒学思想，帮助干部群众不断从传统文化中汲取营养，用传统文化反哺儒学故土，唤醒文化自信，努力打造“儒风孝道之乡”。尼山书院和乡村儒学，一为城市儒学的圆心，一为乡村教化的基点，可谓相辅相成，互为补充。此后，乡村儒学讲堂试验点陆续拓展至山东潍坊、聊城等地。这一举措对弘扬赡老敬亲的传统美德，改善乡风民俗，营造和谐农村，发挥了重要的文化启智作用，为乡村振兴战略提供了有力的智力支持。截至2017年2月，山东已建成乡村儒学讲堂9200多个，举办各类活动逾4万场次，惠及全省17个地级市，参与群众超过500万人次，乡村儒学在山东遍地开花，形成了独特的“乡村儒学现象”。

二是大力传承红色基因。认真践行习近平总书记“红色基因就是要传承”的指示精神，深入挖掘山东丰富的革命历史文化资源，统筹全省红色文化资源保护开发利用。实施红色基因传承工程，深化沂蒙精神研究阐发，成立沂蒙精神研究院，设立“沂蒙精神研究”专项，推出一批有价值的理论文章和学术专著，组织创作一批以弘扬沂蒙精神为主题的文学、戏剧、影视剧、音乐等优秀文艺作品。突出沂蒙老区、冀鲁边、胶东、渤海、冀鲁豫等红色文化富集区建设，打造红色文化传承示范区。推动革命文化教育普及，建好用好山东省党史馆、沂蒙革命纪念馆等红色教育基地，深化党史、国史学习教育，讲好山东故事。加强爱国主义教育基地建设，推动爱国主义教育基地改陈布展，建设革命历史档案信息数据库，深入推进爱国主义教育基地网上展馆、VR虚拟现实展馆建设。围绕庆祝改革开放40周年、中华人民共和国成立70周年、中国共产党成立100周年等重要时间节点，积极开展形式多样的群众性主题教育活动。扶持乡村红色文化旅游开发，推动红色旅游与民俗游、生态游等相结合，打造一批乡村红色旅游精品景区和精品线路。实施“沂蒙精神红色基因传承工程”，打造全国一流的亲情沂蒙红色文化旅游目的地，推出“新时代山水圣人”红色旅游线路。

三是加强乡村文化遗产保护展示。实施传统文化乡镇、传统村落及传统建筑维修、保护和利用工程，制定《山东省历史文化名城名镇名村保护条例》，划定乡村建设的历史文化保护线，分批次开展重点保护项目规划、设计、修复和建设，加强历史文化名镇、名村、传统民居、古树名木保护。整理保护有地方特色的物质文化遗产，传承保护传统美术、戏剧、曲艺、民间舞蹈、杂技和民间传说等非物质文化遗产，鼓励支持非物质文化遗产传承人、其他文化遗产持有人开展传承、传播活动。实施县及县以下历史文化展示工程，做好县级历史文化展示场所的充实、改造、提升工作。推进

“乡村记忆”工程，加大对农村历史街区、传统民居院落和生产生活民俗的挖掘保护，把乡村文化保护传承与新型城镇化建设相结合，使乡村成为有历史记忆、地域特色的文化之乡、精神家园。挖掘和保护民间传统谚语、地方戏种、农耕文化、优秀习俗等乡村文化，建立数字影像馆，加大传承弘扬力度。

链接

“乡村记忆”工程

“乡村记忆”工程是“记得住乡愁”“留得住乡情”的载体工程。从2014年起，由山东省委宣传部、山东省文物局等9个部门联合在全省实施“乡村记忆”工程。“乡村记忆”工程是对农村历史街区、传统民居院落等物质文化遗产和生产、生活民俗等非物质文化遗产最原生态的保护工程，重点在文化遗产和传统乡土建筑富集、保存基础条件较好、文化底蕴深厚的乡村和社区，因地制宜建设民俗生态博物馆、社区博物馆、乡村博物馆，收集和展览富有地域特色、活态文化特色和群体记忆的文化遗产。“乡村记忆”工程是提高新型城镇化和新农村建设水平的重要举措，是保护齐鲁传统文化遗产模式的创新尝试。根据《山东省乡村振兴战略规划（2018—2022年）》，到2022年，将在全省打造10个“乡村记忆”乡镇，推出50个“乡村记忆”民俗节庆项目，建设100个“乡村记忆”博物馆（优秀传统文化和非物质文化遗产展示馆），建设1000个“乡村记忆”村落（街区），10000个“乡村记忆”民居。

乡村振兴看齐鲁

位于威海市环翠区姜家疃村的里口山民俗文化馆，陈列着各种老物件，其中最有特色的是北方农村使用的农具、器械。图为里口山民俗文化馆部分展品。

结语

到2020年全面建成小康社会时，山东乡村文化振兴将取得重要进展，公共文化服务基本实现标准化均等化，农村公共文化设施、队伍、活动、投入得到保障，群众喜闻乐见的文化产品和文化服务更加丰富繁荣；优秀传统农耕文化传承发展富有成效，其教化群众、淳化民风的作用得到充分发挥，新时代文明实践中心建设形成品牌；农村思想道德建设切实加强，良好社会风尚进一步形成，齐鲁乡村文明焕发出新气象。

改善生态展画卷

——如何打造现代版的“富春山居图”

导　语

曾经几代人儿时的乡村回忆是碧蓝的天空、清澈的河水、满眼绿色，河里可以游泳、洗菜、洗衣服，然而许多地方只注重眼前的经济利益，毁林开荒、围湖造田、发展污染产业，造成垃圾围村、河水污浊，乡村成了生态洼地。实现乡村“生态宜居”，是农民的梦想，也是每个国人的梦想，更是我省生态建设的重点。

一　如何更好地促进农业绿色发展

习近平总书记指出，推进农业绿色发展是农业发展观的一场深刻革命，也是农业供给侧结构性改革的主攻方向。山东是农业大省，素有“全国农业看山东”之说，粮食总产量连续6年稳定在900亿斤以上，蔬菜、水果、肉类、水产品等主要农产品产量均居全国前列，农产品出口连续19年居全国第一。党的十八大以来，省委、省政府以习近平新时代中国特色社会主义思想为指导，持续推进“三农”改革发展，以占全国6%的耕地和1%的淡水资源，贡献了8%的粮食产量、9%的肉类产量、12%的水果产量、13%的蔬菜产量、14%的水产品产量和19%的花生产量，农产品出口总额占全国的24%，农业农村现代化建设取得了显著成就，在全国农业发展中占有重要地位。现在农产品供求总量矛盾大为缓解，推进农业绿色发展条件具备、要求紧迫。目前我省乡村发展仍存在一系列深层次矛盾和问题，主要表现在：农业发展的结构性矛盾突出，农产品阶段性供过于求和供给不足并存，农业供给质量亟待提高。

同全国一样，山东土壤质量在不断下降，据中国工程院关于全国土壤环境保护与污染防治战略的研究报告显示，我国土壤质量在不断下降，我国农业生产中土壤的贡献率在50%—60%，比40年前下降10%，比西方国家至少要低10—20个百分点。粮食生产模式对农药和化肥的依赖大，化肥农药是重要的农业生产资料，但化肥农药由于长期不合理的使用，导致利用率下降，而且环境负面影响问题也是越来越突出。

近年来，山东农业污染趋势虽然得到一定遏制，农村人居环境整治加快推进，但总体看，乡村生态环境仍与人民日益增长的美好生活需要有较大差距，加快改善乡村环境的需求十分迫切。这要求我们，必须以绿水青山就是金山银山理念为指引，加快转变思想观念和发展方式，着力创新体制机制和政策措施，回答好农业发展“依靠什么”“产出什么”“留下什么”“贡献什么”等问题，变革农业空间布局方式、资源利用方式、生产管理方式，将农业绿色发展这场深刻革命进行到底。大力推进农业清洁生产，实施化肥、农药减量增效行动，全面推广测土配方施肥技术，开展有机肥替代化肥试点，促进农业节本增效。建立健全化肥、农药、兽药、饲料添加剂等投入品追溯系统，严格行业准入管理，推进病虫害统防统治和绿色防控，走出一条空间优化、资源节约、环境友好、生态稳定的山东特色农业绿色发展道路。

链接

寿光将打造全国设施蔬菜绿色发展示范区

自2011年以来，寿光市持续实施设施蔬菜四大土壤改良工程，强化资金、监管、科技三大保障，总结推广了七种技术模式，实现了“双增双减三提高”，土壤改良效果取得了明显成效。实施蔬菜沃土工程，建设了2万亩高效生态示范区，对需要改良的第一轮28万亩土壤全部进行改良，实施区土壤有益微生物明显增多，土壤有机质含量明显提高，蔬菜增产10%以上。实施水肥一体化推广工程，建设了1000多亩的示范区，推广面积达11.6万余亩，实施区节水、节肥30%—60%。针对蔬菜废弃物难以处理的现状，通过推广蔬菜秸秆综合利用、沼液沼渣综合利用和项目带动等方式，初步形成了蔬菜秸秆直接还田、秸秆有机肥、秸秆沼气等几种综合利用大棚蔬菜秸秆的技术模式。

下一步，寿光市将进一步加大政策扶持力度，强化技术推广，更好地推动绿色生产新技术、新成果、新模式的推广应用，将寿光打造成为全国设施蔬菜绿色发展示范区。

（资料来源：《齐鲁晚报》2017年11月13日）

二 如何更好地改善农村人居环境

党的十八大以来我省农村基础设施建设不断加强，农村道路、厕所、供暖、供电、学校、住房、饮水“七改”工程全面提速，人居环境整治加快推进。全省基本形成以县道为骨架、乡道为支线、村道为脉络的农村公路网络体系，实现了与国省干线公路以及城市道路的有效对接互通，在“村村通”的基础上启动农村道路“户户通”工程。农村垃圾污水治理水平显著提高，实现城乡环卫一体化所有村庄全覆盖，形成了成熟的“户集、村收、镇运、县处理”垃圾处理模式，“建设运营一体、区域连片治理”的污水治理模式初步形成。推进农村危房改造，累计改造危房近40万户，建档立卡贫困户危房改造任务全面完成。

尽管取得了一系列的成就，但是离我省近期的阶段性目标：广大农村呈现“生产美、生活美、生态美”的全新面貌仍有很大的距离。需要我们继续有序推进农村人居环境综合整治，补齐突出短板，推进美丽乡村建设。以农村垃圾清理、污水治理、饮用水水质安全保障和清洁取暖为主攻方向，整合各种资源，强化各种举措，稳步有序解决农村人居环境突出问题。

链接

山东省农村人居环境整治三年行动

行动方案总体匡算投资1500亿元，通过争取国家支持补一块、省市县财政拿一块、政府债券筹一块、社会资本融一块、集体经济投一块、群众自筹掏一块“六个一块”的方式，多渠道筹集建设资金。其中，省级整合各类资金安排不少于300亿元，省里指导市县筹资不少于800亿元。

到2020年，全省农村人居环境明显改善，实施乡村振兴战略取得重要阶段性成效。基本实现村庄规划编制、生活垃圾收运处置、无害化卫生厕所改造全覆盖，生活污水处理率大幅提高，生态环境质量显著提升，村民环境与健康意识普遍增强，管护长效机制初步建立，生活环境干净整洁有序，建设农民安居乐业的美丽家园，广大农村呈现“生产美、生活美、生态美”的全新面貌。

农村人居环境整治基础条件好的村庄，高标准、整建制提升农村人居环境，率先建成一批特色鲜明、生态宜居的美丽乡村，发挥示范引领作用；基本具备条件、亟须改造提升的村庄，重点完善基础设施条件，鼓励集中连片打造，偏远村庄因地制宜开展整治，促进村容村貌明显改观；空心化严重、拟搬迁撤并或列入城中村改造计划的村庄，以整治脏乱差、建设清洁家园为重点，原则上不进行大的投入，实现人居环境干净整洁的基本要求。

三 如何更好地推进美丽乡村建设

山东美丽乡村建设需要持续推进，久久为功，因地制宜、精准施策，不搞“政绩工程”“形象工程”，一件事情接着一件事情办，一年接着一年干，建设好生态宜居的美丽乡村，让广大农民在乡村振兴中有更多获得感、幸福感。2017年9月，在临沂召开的全省美丽乡村建设现场会要求，做好新形势下美丽乡村建设各项工作，必须抓重点、补短板、强弱项，为加快推进我省由大到强战略性转变，在全面建成小康社会进程中走在前列奠定坚实基础。通过聚焦如何建起来、如何富起来、如何美起来、如何好起来、如何统起来等核心问题，加大涉农资金统筹整合力度，充分发挥广大群众主体作用，大胆开展改革探索，激发内生动力，增强发展活力。

美丽乡村建设要为乡村振兴添活力。习近平总书记提出了“中国要美，农村必须美”等一系列新要求。为深入贯彻落实中央关于建设美丽乡村的战略部署，要把美丽乡村建设作为山东发展农村经济、增加农民收入的“富民工程”，改善农村生产生活条件的“惠民工程”，推动城乡公共服务均等化的“德政工程”。基础设施建设与公共服务进一步向乡村延伸，住房建设、环境保护、安全生产、交通管理等政府服务和监督延伸到乡村。推动美丽乡村建设标准化，新农村建设提档升级。农村垃圾清理、清洁饮水、客运班车基本普及，农村基础设施建设不断加强。加大对自然人文遗迹、历史文化名城、特色老街区老村落老建筑，以及非物质文化遗产的保护力度。在尊重农村形态和农民生活习惯基础上，有序开展村容村貌整治。

要借鉴推广在促进乡村发展中摸索出的成功经验。山东较早开始了农村改革，并进行了农村产业发展探索，取得了良好效果。尽管一些地区存在盲目贪大求快，热衷于村改社区、赶农民上楼等现象的出现，但是随着改革渐行渐深，山东农村发展也逐步释放出活力，涌现出一批有特色和实力的美丽乡村。依据自身发展禀赋稳步发展，出现了依运河而建的台儿庄、南阳等古村落；依山而建的九上沟、雹泉、王石门等村庄；依托历史文化的竹泉、朱家峪、李家疃、井塘等村庄；因发展渔业而兴盛的雕龙嘴、烟墩角等美丽特色村庄。这些成功经验对我省各地推进美丽乡村建设具有积极借鉴意义。

链接

山东将打造胶东、鲁中、鲁西南、鲁西北四大风貌区

山东省人民政府办公厅印发《山东省美丽村居建设“四一三”行动推进方案》（鲁政办字〔2018〕114号），提出要集中打造胶东、鲁中、鲁西南、鲁西北4大风貌区，布局建设胶东海滨、沂蒙山区、黄河沿岸、大运河沿线、青兰—京沪高速沿线、日兰高速沿线、京沪高铁—京台高速沿线、滨莱—京沪高速沿线、荣乌—长深高速沿线、青银—荣潍—沈海高速沿线等10条风貌带，培育300个地域文化鲜明、建筑风格多样、

田园风光优美的美丽村居建设省级试点，着力彰显“鲁派民居”新范式。

到2020年，打造300个省级试点，建成一批地域文化鲜明、建筑风格多样、田园风光优美的美丽村居，形成可借鉴、可复制、可推广、多样化的经验模式；胶东、鲁中、鲁西南、鲁西北4大风貌区和10条风貌带初步形成。

到2025年，全省村庄空间布局更加合理、人居环境更加优美、村居特色更加鲜明、建设管理更加精细，形成多片立足乡土社会、体现现代文明、宜居宜业宜游的“鲁派民居”建筑群落，具有山东特色的现代版“富春山居图”基本绘就。

乡村振兴看齐鲁

临沂市沂南县充分利用老区得天独厚的自然优势，将农村建设与旅游开发完美结合，成功打造了一个依托旅游摆脱不发达状态的成功样本。铜井镇竹泉村为了保持村子原风貌，当地政府采取了置换的方式为村民建设了崭新的房屋。这样一来，既改善了村民的居住生活条件，又完全保留了村庄古朴厚重的整体面貌。图为竹泉村千亩竹林吸引众多游客前来避暑纳凉。（新华社发，王彦冰　摄）

四 农村人居环境整治三年行动的重点任务是什么

改善农村人居环境，建设生态宜居乡村，是实施乡村振兴战略的重要任务，是全面建成小康社会的必要基础，是广大农民群众的热切期盼。山东省农村人居环境整治三年行动实施方案将垃圾综合治理、厕所革命、生活污水治理、改善村容村貌、村庄规划管理、完善建设和管护机制作为六项重点任务推行，以期通过扎实推进全省农村人居环境整治，进一步提升乡村内涵品质，加快美丽乡村建设步伐。

推进农村垃圾综合治理。通过提高农村生活垃圾收运处置能力、推进农业生产废弃物资源综合利用与非正规垃圾堆放点排查整治，在实现城乡环卫一体化全覆盖的基础上，逐步建立完善农村生活垃圾处理市场化运作、减量化处理、资源化利用、数字化管理、法制化保障的工作机制，到2020年95%以上的村庄实现农村生活垃圾无害化处理。

推进农村“厕所革命”。推进户用卫生厕所建设和改造及建立改厕管护长效机制，加快全省农村改厕步伐，2018年，全部乡镇基本完成农村无害化卫生厕所改造；2019年，全部涉农街道基本完成农村无害化卫生厕所改造；2020年，全部乡镇（涉农街道）内300户以上自然村基本完成农村公共厕所无害化建设改造。

推进农村生活污水治理。合理确定各乡镇和农村污水处理设施及配套管网的布局、规模，科学安排年度建设任务，明确建设规模、投资估算、资金来源和保障措施等内容，创新污水治理模式。到2020年，50%以上的村庄对生活污水进行处理，其中农村生活污水治理示范县80%以上的村庄对生活污水进行处理；农村新型社区基本实现污水收集处理。

全面改善村容村貌。通过实施农村道路“户户通”工程、整治公共空间和庭院环境、推进村庄绿化亮化、打造农村特色风貌等重点任务，展现特色村容村貌。到2020年，30%以上的村庄建成美丽乡村，培育2000个特色风貌示范村。

加强村庄规划管理。推进实用性村庄规划编制实施，将村庄规划的主要内容纳入村规民约。强化规划实施，规划一经批准，必须严格执行，不得随意更改；确需调整修改的，必须依照规定程序，报原批准机关批准。2018年，全省县域乡村建设规划实现全覆盖，2000个省扶贫工作重点村编制完成村庄规划；到2020年，全省村庄规划覆盖率达到100%。

完善建设和管护机制。推行多元化管护模式与健全长效运行管护机制，保障设施可持续运转。明确各级党委和政府以及有关部门、运行管理单位责任，明确运行资金来源，稳定运行队伍，建立日常管理制度，初步构建起有制度、有标准、有队伍、有经费、有督查的村庄人居环境管护长效机制。

链接

山东平度农村污水处理设施建设

“生活污水都处理干净了，还有什么理由不把自家的生活环境搞干净？”2017年，山东省青岛市莱西市农村生活污水处理项目的建设让受益的云山镇西宋戈庄村村民环境卫生意识大大提高。2018年，莱西市投资近

4亿元建设污水处理项目，其中包括总投资8600多万元的16个美丽乡村示范村庄生活污水处理项目和总投资约3亿元的16个镇级生活污水处理项目。

全市16个美丽乡村示范村庄生活污水处理项目于7月全部开工建设。截至8月底，已破碎混凝土路面约2.1万平方米，开挖管沟约1.6万米，敷设管道约1.3万米，回填管沟约1.2万米，设置检查井577个。其中蓼兰镇西何家店村生活污水处理项目管网施工基本完成。新建16个镇级生活污水处理项目是莱西市2018年市办实事，目前已有14个完成编制规划设计实施方案。

据了解，2017年莱西市结合美丽乡村建设项目，已经完成了东阁街道凤凰山村、白沙河街道夏张家村、云山镇西宋戈庄村等8个村庄生活污水处理试点项目，并平稳试运行7个多月。污水处理工艺主要采用“组合式复合物滤池+高负荷活性生物滤床”技术，在村内敷设污水管道，建设污水处理站，通过污水管网将户内生活污水引入污水处理站进行处理，水质达到城镇污水处理厂污染物排放要求的一级A标准，有效解决农村水污染问题。

（资料来源：《今日平度》2018年9月20日）

五 如何更好地发挥农村生态资源价值

我省广大乡村拥有着丰富的自然资源，有着实现绿色发展的天然基础。但生态环境保护、治理依然形势严峻，尤其是城市扩围与资源耗散对乡村环境影响突出，严重制约了乡村生态品的供给。深入实施乡村振兴战略，要让绿水青山更有价值，同时也能解决一些相关的突出问题。良好的生态环境是农村最大优势和宝贵财富，不应该让农民拥有这样的宝贵财富却不能致富。不能使乡村摆脱贫困，乡村的生态环境保护就难持久。需要合理地体现出生态资源的经济价值引领乡村可持续发展，将乡村生态优势转化为发展生态经济的优势，推动乡村自然资本加快增值，打造人与自然和谐共生发展新格局。

乡村振兴看齐鲁

近年来，山东省滨州市利用沿黄地域优势，持续提升沿黄区域生态环境，发展生态农业产业，不断推动粮丰林茂水清的美丽乡村建设。图为游客在山东省滨州市滨城区小开河湿地乘船赏景。（新华社发，董乃德　摄）

（一）健全生态保护补偿机制

一是健全补偿运行机制。坚持谁受益、谁补偿的原则，明确各领域的补偿主体、受益主体、补偿程序、监管措施等，综合运用财政、税收和市场手段，形成奖优罚劣的生态效益补偿机制，对在污染物减排和环境改善等方面成效显著的，加大奖励力度。二是建立财政转移支付机制。整合现有各类生态环保资金，加大重点生态功能区转移支付力度，规范资金分配方式，促进基本公共服务均等化。三是建立横向和流域生态保护补偿机制。建立地区间横向生态保护补偿机制，引导生态受益地区与保护地区之间、流域上游与下游之间，通过资金补助、产业转移、人才培训、共建园区等方式实施补偿。逐步提高林木、湿地生态补偿标准。鼓励第三方专业机构开展生态环境损害评估，建立独立公正的生态环境损害评估制度。

（二）积极发展生态产业

顺应人们对清新空气、清洁水源、宜人气候、优美环境等生态产品的日益增长的需求，大力发展乡村生态产业，把提供生态产品作为乡村发展的重要内容，把增强生态产品生产能力作为乡村国土空间开发的重要任务。以休闲旅游、文化创意、健康服务等产业为重点发展方向，重构乡村产业支撑。以农业为主的乡村，应该更多发展高效农业，拓展新模式新业态，大力发展无公害农产品、绿色食品和有机农产品，采用绿色食品标志。加大推进力度，将分头设立的环保、节能、节水、循环、低碳、再生、有机等产品统一整合为绿色产品，建立统一的绿色产品标准、认证、标识等体系，推动企业发展从研发到产品全过程绿色化。发展特色产业，调整扶持政策，逐步形成一批具有一定规模，带动农民增收的特色农业产业基地。促进农村一、二、三产业融合发展。有较好产业基础的乡村，尤其是城市的近郊乡村可发展现代智能产业，成为信息村、科技村等现代产业集聚地。

（三）发挥自然资源多重效益

积极拓展农业多种功能，促进农业与旅游、教育、文化、健康养老等产业深度融合，发展休闲农业和乡村旅游业，培育新产业新业态，推进农业由单一的生产功能向生产、生活、文化、旅游多功能转变，发展乡村旅游、休闲观光、养老服务等项目，提升农业的生态价值、休闲价值和文化价值，打造农业全产业链，发挥其经济效益、社会效益、生态效益等多重效益。培育一批全国休闲农业与乡村旅游示范县、全国休闲农业示范点，让人们“望得见山，看得见水，记得住乡愁”。

生态宜居是广大农民最朴实的“中国梦”。“喝上干净的水，呼吸上清洁的空气，吃上放心的食物。”不仅是经济发展方式问题，更是民生问题、政治问题。通过谋划生态振兴，把全省农村打造成为“三生三美”的幸福家园，让广大乡村成为令人向往、富含品质的美丽新农村。

同心同德扬善治

——如何构建新型乡村治理体系

导 语

习近平总书记强调，要推动乡村组织振兴，打造千千万万个坚强的农村基层党组织，培养千千万万名优秀的农村基层党组织书记，深化村民自治实践，发展农民合作经济组织，建立健全党委领导、政府负责、社会协同、公众参与、法治保障的现代乡村社会治理体制，确保乡村社会充满活力、安定有序。

一 如何推动乡村组织振兴

火车跑得快，全靠车头带。农村基层党组织是党在农村全部工作的基础，是党联系广大农民群众的桥梁和纽带，其执政能力的强弱直接关系到农村改革、发展和稳定，关系到党在农村基层执政地位的巩固，关系到乡村振兴能否实现。

——切实增强农村组织建设的政治自觉和使命担当。办好农村的事情，解决好乡村振兴中面临的各种问题，关键是要有一个过硬的基层党组织。要把坚持和加强党的全面领导贯穿乡村振兴全过程，把党的建设与乡村振兴同谋划、同部署、同推进，以党组织建设全面加强推动乡村全面振兴。要结合乡村振兴工作实践，积极探索基层党组织提升组织力、强化政治功能的有效途径，充分发挥党组织战斗堡垒作用和党员先锋模范作用，组织动员广大农民群众共同参与，汇聚起推动乡村振兴的强大合力。要抓住提升组织力和带头人队伍建设这个关键，找准农村基层党组织建设中的突出问题，着力补齐工作短板，努力打造坚强的农村基层党组织，培养更多的优秀农村基层党组织书记，为乡村振兴提供坚强的政治保证和组织保证。

——大力提升农村基层党组织的凝聚力和战斗力。农村基层党组织是农村各个组织和各项工作的领导核心，要强化农村基层党组织职能，把农村基层党组织建设成为宣传党的主张、贯彻党的决定、领导基层治理、团结动员群众、推动改革发展的坚强战斗堡垒。要着力打造过硬农村党支部。全面推行党支部评星定级制度，不断扩大先进党支部增量、提升中间党支部水平、整顿后进党支部；对党员队伍实施规范化、精细化管理。要优化提升村党组织带头人队伍。对村“两委”成员和党员开展集中轮训，全面推行村级党组织书记规范化管理，对不胜任、不合格、不尽职的村党组织书记要及时认定、坚决进行调整。要培育壮大骨干力量。拓宽选人视野，把各方面的优秀人才聚集到党和人民事业中来，鼓励他们回乡工作、贡献力量；加强递进培养，着力破解农村发展党员无人可选、村级班子后继乏人的问题；打造一定数量的乡村振兴培训基地，培育一批“土专家”“田秀才”。要充分发挥共建党支部作用。坚持自主原则，各行业各领域、各机关企事业单位基层党组织要结合自身优势和共建对象具体需求，自主商定共建内容和具体事项；互帮学习提高，组织机关党员“送学上门、结对共学”；互促落实制度，着力提升基层党组织建设规范化水平。要引领乡村各类组织健康发展。优化创新农村基层党组织设置，确保党的组织有效嵌入、党的工作有效覆盖农村各类组织和群体；引导各类组织充分发挥作用，尤其是要加快农村集体产权制度改革，鼓励村党组织领办创办合作社，推动农业“新六产”发展。要健全完善乡村治理体系。加强党组织对农村各类组织的领导，健全党组织各项工作制度，提高乡村治理法治化水平，深入开展扫黑除恶专项斗争，大力推进乡风文明，认真实施农村人居环境整治三年行动计划。

——深入推进抓党建促脱贫攻坚、促村级集体经济发展。要选好配强脱贫攻坚力量，激发贫困村脱贫攻坚内生动力。精准选优配强干部，把脱贫攻坚实绩作为选拔任用干部的重要依据；精准提升能力水平，增强培训的针对性和实效性；精准提供智力支持，通过政策宣讲、思想动员、典型示范等，实现贫困群众由“要我脱贫”到“我要脱贫”的转变。要深化提升“第一书记”工作。对支持“第一书记”工作的政策措施进行再梳理再完善，进一步完善“第一书记”考核指标体系，强化管理服务，严格驻村工作纪律。要发展壮大村级集体经济。县、乡党委要对集体经济薄弱村、空壳村全部建立工作台账，逐村确定村级集体经济发展目标、路径、计划，实行挂图作战、销号管理。

乡村振兴看齐鲁

为深入推动以党的建设引领基层管理创新，山东即墨区在全区推行“社区党委”工作体系，在每个社区配备一定数量的党员作为专职社区工作人员，在乡镇（街道）党委统一领导下开展工作，全面负责社区村庄的村貌管理、基层党建、产业发展、精准扶贫、美丽乡村、文化建设等工作。目前共有800多名党员直接深入社区、村庄办公，将服务伸展到基层群众眼前，打通了联系群众、服务群众的“最后一公里”。图为即墨区移风店镇七级社区的工作人员丁启（左一）与农民探讨特色农产品深加工，并指导农民通过电商销售农产品。（新华社发，梁孝鹏　摄）

——以乡村组织振兴引领乡村全面发展。实践证明，农村基层党组织是实施乡村振兴战略的“主心骨”。农村基层党组织软弱涣散，乡村振兴将步履维艰。农村基层党组织坚强有力，乡村振兴便会蹄疾步稳。推动乡村组织振兴，要抓责任落实，建立省、市、县、乡、村抓党建促乡村振兴责任清单，明确各级职责任务，切实防止上推下卸、责任悬空。要抓基础保障，加强基层人才队伍建设，建立村级组织运转经费正常增长机制，积极推进村（农村社区）党群服务中心建设。要抓典型样板，结合开展“大学习、大调研、大改进”，围绕“抓党建促乡村振兴”开展专题研讨，及时总结推广抓党建促乡村振兴行之有效的经验做法，用基层经验指导推动基层工作。要抓督导考核，进一步完善考核指标体系，把干部在乡村振兴中的表现和实绩作为考察识别干部的重要标尺；把抓党建促乡村振兴工作情况纳入县、乡党委书记抓基层党建述职评议考核。

链接

抓牢“第一书记”，培育乡村振兴“领头羊”

近年来，随着乡村振兴战略的实施，越来越多的第一书记入驻农村，扎根基层，负责基层党组织工作，成为乡村振兴发展的主心骨、带头人。农村富不富，关键看支部；支部强不强，关键看“头羊”。乡村振兴离不开基层党组织，广大党员要发挥战斗堡垒和先锋模范作用。驻村第一书记是村级党组织建设的组织者，是群众脱贫致富奔小康的领路人，实施乡村振兴战略，第一书记要勇于扛起责任、提起“精气神”，着力发挥“领头羊”的关键作用。乡村振兴离不开人才资源，在汇聚人才资源方面，乡村基层党组织大有可为。打造战斗力强的基层组织，需要做事能力强的人，引领大家共同奋斗顽强拼搏，探索乡村振兴发展模式。改革开放40年的经验证明，很多农村致富能人、农民企业家具备超前的发展思维，敢想敢干，把他们吸收进基层党组织，发挥自身强项，就能达到事半功倍的效果。

二 如何更好地发挥乡村自治作用

推行乡村自治，是农村经济体制改革的必然结果，是上层建筑必须与生产关系相适应的社会发展规律在我国农村社会的真实反映。实践证明，乡村自治，是推动农村经济进一步发展的组织保障，是推进依法治村和加强农村基层民主法制建设的根本途径，是党领导下管理农村社会的治本之策。

——完善村“两委”联席会议制度。凡涉及村庄整体利益、长远利益和村民切身利益的重大问题，可以由村党支部或村委会提出初步议案，提交村“两委”联席会议讨论并拟订初步决策方案，然后将决策方案向群众公布，在广泛征求群众意见的基础上，由村“两委”联席会议形成决议。要通过村“两委”联席会议制度，规范村“两委”的内部决策运作机制，形成党支部领导下的集体民主决策。

——健全“两会”议事制度，包括党员议事制度和村民代表大会议事制度。在村级组织下选举出有威信、有觉悟、能担当的村民组建村民议事会，保证人民群众能够正确行使民主权利。特别是要注意总结经验，推行一些已被实践证明、行之有效的制度，如村民（党员）民主评议制度、村委会（党支部）定期报告工作制度、村民代表会质询制度等。

——形成村务公开、村规民约、村务管理、社会治安、环境卫生管理等系列制度。把村民自治制度落到实处，把村“两委”班子建设成为一支能自觉实践习近平新时代中国特色社会主义思想，坚决贯彻执行党的基本路线和各项方针政策，廉洁勤政，奋发有为的新农村领导集体。尤其要在防止村务公开流于形式和走过场上下功夫，特别是要把财务公开放到突出位置。关于村委会的资金收支，由乡镇政府对其进行“双代管”；对于村委会主任（党支部书记）的财务支出，要成立理财小组予以监控。明确干部工作职责，制定考评办法，建立干部述职制度和民主评议制度，进一步增强基层组织的整体功能，增强农村基层组织的生机与活力。

——优化村民自治组织与村党支部关系，整合村“两委”资源，形成村庄建设的合力。村民自治的本质应该是“村民当家做主”，既不是村党支部做主，也不是村委会做主，村“两委”必须改变以往的思维定势，从“为民做主”向“让民做主”转变。必须深入贯彻新修订的《中华人民共和国村民委员会组织法》，科学界定村“两委”的职能与边界，把村治工作纳入制度化、规范化轨道，克服村治工作中的随意性，使村党委和村民自治组织的管理和村民权力的行使都在法制框架内依法规范运行，形成良性的村庄权力体系。

——进一步推进政府体制改革，为村民自治组织发展提供制度性保障。当前，稳步推进政府体制改革，切实转变政府职能，转变政府工作方式和考核机制，是改善村民自治组织的重要方面。一方面，明确划分乡、村两级的事权与财权，规范乡镇权力，防止乡镇权力对村一级自治权力的侵害；另一方面，改革那种单纯由上级指定的数字化指标考核做法，将对乡镇基层政府的政绩考核的监督权交给村民，改革以往那种“只对上负责不对下负责”的做法，同时缓解村民自治组织的指标压力，为村民自治组织的发展提供更大的空间。

——完善、规范村民自治组织，为村民自治提供组织保障。首先，进一步规范村委会的运作，强化和保障村委会的自治功能。村委会作为村民自治组织的主要机构，首先应保障其自治功能，否则与自治的原意相悖。其次，完善村民自治相关配套组织设置，建立村务监督小组、民主理财小组等村民自治组织，保证村民对村务、财务的监督渠道。再次，尽快完善相关配套的法律政策规定，保障村民自治组织的有关权利不受侵害。

——加强村委会干部队伍建设，提升村干部素质，为村民自治组织发展提供人力资源保障。村干部是工作在农村基层第一线的“当家人”，要想当好这个“家”，就需要建立一支高素质的干部队伍。要深入实施村干部人才的培训，建立规范的知识更新培训制度；选派优秀村干部到农业院校进修，通过脱产、函授等多种形式培训，提高、更新村干部的知识水平；完善大学生村官政策，加强村干部队伍建设，解决村干部后继无人的问题；完善村干部奖励激励机制，调动村干部的工作积极性。

链接

泰安网上网下联动 促进村民自治建和谐乡村

山东省泰安市泰山区省庄镇兴隆村村民韩某在网上留言：“自己与邻居合伙挖土方回填整理出一小块菜地，本来商量要平分的。但是邻居的老人却独自种上大豆，还要求伐去地中间的一棵树，两家出现纠纷。”韩某不满意邻居的做法，请村委会解决。村调解委员会看到网络留言后，及时受理，了解到两家关系很近，矛盾就出在这块回填的土地不能被一家独占，要按照先前约定的两家平分。召集两家人通过网上互动，共同协商后，充分尊重两家人的意见，最后达成调解协议：地块是两家合伙整理的，应该平分。这是通过山东省泰安市“泰山幸福e家园”网站发布的留言，村委会工作人员根据留言解决的问题之一。山东省泰安市“泰山幸福e家园”建设管理工作，取得了发展机制、队伍建设、技术创新、内容建设等多项突破。目前，全市3670个村（居）有3300个村（居）建起了同名幸福网站，基本上达到了一村（居）一网站的目标，实现了虚拟社会和现实社会的良性互动。

三 如何加强乡村法治建设

坚持法治为本，树立依法治理理念，完善乡村法律服务体系，强化法律在维护农民权益、规范市场运行、农业支持保护、生态环境治理、化解农村社会矛盾等方面的权威地位。只有形成良好的法治乡村环境，才能有力推动农业全面升级、农村全面进步、农民全面发展，进而保障乡村振兴战略得以顺利实施。

——深入开展农村法治宣传教育。组织实施“七五”普法规划，开展“法律进乡村（社区）”活动，广泛宣传土地管理法、农村土地承包法、村民委员会组织法、婚姻法等与乡村群众生产生活密切相关的法律知识，不断增强农村基层干部群众的法治观念和依法维权意识，在乡村形成办事依法、遇事找法、解决问题用法、化解矛盾靠法的良好法治环境。坚持学用结合、普治并举，推进“民主法治示范村（社区）”创建活动。加强法治宣传一条街、法治书屋、远程教育等法治宣传阵地建设，大力开展法治文化活动，构建覆盖县、乡、村的法治文化体系。

乡村振兴看齐鲁

山东省邹平市在全市乡镇（街道）、农村社区、学校、企业构建系统的法治教育体系，建有法治文化公园、广场、长廊73处，农村法治宣

传街1000余条，在10所学校建有青少年法治与道德教育基地，形成了覆盖全市城区、乡村、企业法治教育的网络系统，并在全市农村配备一村一法律顾问、一村一警、法治教育宣传员，定期开展法治教育活动。全市各社区文明普法、文明守法深入人心，遵法守法、学法懂法的风气已普遍形成。图为邹平市魏桥镇农村法律顾问杜晓栋（左一）在该镇法治文化广场为农民讲解法律知识。（新华社发，董乃德 摄）

——增强基层依法办事能力。增强基层干部法治为民意识，将政府涉农各项工作纳入法治化轨道。深入推进综合行政执法改革向基层延伸，推动执法队伍整合、执法力量下沉，探索建立乡镇（街道）综合执法平台，加大农村的执法力度。进一步完善执法标准规范，改进执法方式方法，加强执法监督，把执法目的与手段、执法过程与结果统一起来，切实做到严格规范公正文明执法。健全农村公共法律服务体系，抓好村（社区）法律顾问工作，落实“一村一法律顾问”，加强对农民的法律援助和司法救助，降低法律援助门槛，扩大法律援助范围，抓好困难群众法律援助工作。建立健全乡村调解、仲裁、司法保障的农村土地承包经营纠纷调处机制。推进村（社区）司法行政工作室建设，建好用好“12348热线平台”，优化升级“12348山东法网”，为群众提供方便快捷的法律服务。

——全面推进平安智慧乡村建设。加强治安突出问题排查整治，深入开展扫黑除恶专项斗争，严厉打击农村黑恶势力、宗族恶势力，严厉打击黄赌毒盗拐骗等违法犯罪。依法加大对农村非法宗教活动和境外渗透活动打击力度，依法制止利用宗教干预农村公共事务。借鉴推广浙江“枫桥经验”，创新群众工作方法，健全完善村(居)、社区人民调解组织网络，全面推行智慧民调系统，善于运用法治思维和法治方式解决涉及群众切身利益的矛盾和问题。落实社区服刑人员、刑满释放人员管理制度，健全政府主导、社会参与、家庭扶持的帮扶机制，使其尽快融入社会，预防重新违法犯罪。加强反邪教、社区戒毒、严重精神障碍患者服务管理工作，对乡村留守老人、妇女儿童等强化服务教育，提高其自我防范意识和能力。强化网格化管理，深入实施“雪亮工程”，继续深化平安智慧村庄(社区)创建活动，构建人防、技防、物防深度融合的农村治安防控体系。强化乡村安全生产监管，防范各类事故发生。

链接

山东首家乡村振兴法治教育基地在德州成立

2018年4月，为更好地服务乡村振兴战略实施，德州市人民法院出台《关于为全市实施乡村振兴战略提供司法保障的意见》，明确将充分发挥审判职能，促进全市乡村产业振兴、人才振兴、文化振兴、生态振兴、组织振兴，为打造农业全面升级、农村全面进步、农民全面发展的齐鲁样板提供有力司法保障。2018年6月，市法院在德城区黄河涯法庭成立了全省首家乡村振兴法治教育基地，明确了指导法官、工作人员、工作制度，印制了《德州市人民法院服务和保障乡村振兴法治宣传手册》。运用掌握的法律知识，为乡村振兴战略实施提供法律咨询、诉讼服务等，千方百计维护农村稳定和社会和谐。

四 如何更好地走乡村德治之路

德治是健全乡村治理的重要支撑。乡村是人情社会、熟人社会，而人情与道德、习俗等相连，正确引导可形成与法治相辅相成的德治。德治是我国古代乡土社会基层治理的成功典范，进入新时代，要传承弘扬农耕文明的精华，坚持德治为先，以德治滋养法治、涵养自治，让德治贯穿乡村治理全过程。

——增强村民自治的自我管理、自我服务功能。村民自治制度是中国特色社会主义民主政治的重要组成部分。目前，我国超过98%的村都制定或修订了村规民约和村民自治章程。村民自治在体现村民意志、保障村民权益、激发农村活力等方面具有重要作用。应通过引导农村基层组织、社会组织和村民个人有序参与农村发展事务，进一步提升农民群众自我管理、自我服务水平。村民自治不是放任不管，而应发挥农村基层党组织的领导核心作用，推进村务公开，发挥社会各类人才、新乡贤等群体在乡村治理中的作用。厘清农村基层自治组织职责，对符合条件的公益类农村社会服务组织给予政策、技术、资金等方面的支持。

——提升乡村治理法治化水平。应大力运用法治方式和法治手段解决农村改革发展稳定中遇到的问题。加强农村法治建设，推进平安乡镇、平安村庄建设，开展突出治安问题专项整治，引导广大农民群众自觉守法用法，用法律维护自身权益。建立基本公共法律服务体系，为农民群众提供优质高效的法律服务。处理好农村中软法与国家法律法规之间的关系，系统梳理和修改完善有关规章制度和行为准则，特别是结合经济转型升级、生态环境整治、实施乡村振兴战略等工作，指导修订村规民约，切实引导广大农民群众的日常行为。县、乡党委、政府及有关部门应带头尊法学法守法用法，依法加强对村务治理的指导、对农村各类问题的预防和监管，让广大农民群众感受法律力量、认知法律尊严、增强法律信仰。

——发挥德治在农村社会治理中的基础作用。培育良好村风民风、加强和改善乡村治理，德治具有基础性作用。应进一步在广大农村培育弘扬社会主义核心价值观，增强集体意识、法治精神和民主氛围。注重以文化人、以文养德，实施文化惠民工程，繁荣群众精神文化生活，建立道德讲堂、文化主题公园、文化礼堂等阵地，引导人们讲道德、守道德。开展"道德模范""最美家庭"等评选活动，发挥身边榜样示范带动作用，发挥乡贤道德感召力量，促进农村社会和谐稳定，涵养守望相助、崇德向善的文明乡风。持续推进农村精神文明建设，弘扬中华优秀传统文化和文明风尚，依托村规民约等褒扬善行义举、贬斥失德失范，推进乡村移风易俗，唱响主旋律，育成新风尚。

链接

寿光乡村振兴中自治法治德治的生动实践

改革开放40年来，寿光的"三农"工作始终走在全国前列，形成了有重要影响的"寿光模式"。但由于历史原因和政策变迁等因素，农村多年来一直存在着拖欠承包费、多占宅基地、多占口粮田等问题，导致村民与村里矛盾化解难、上级精神贯彻难、村级工作开展难，为农村健康发展和乡村振兴埋下了隐患。

运用法治思维，扭住乡村综合治理“牛鼻子”。长期以来，农村地区群众法律意识淡薄、村干部法治思维不强，再掺杂着农村宗族观念等因素，农村层面的法治权威被弱化，在一定程度上存在契约精神缺失，以及侵占集体财产、垄断集体资源等违法行为。

综合治理中，寿光始终坚持运用法治思维和法治方式解决问题，对农业用电、多占宅基地、村集体尾欠、拖欠社会抚养费、违章建设等重点问题和农村霸痞势力全面厘清底数，按照“一个村情一套方案、一个户情一个办法、同类问题一个标准”的工作模式，综合运用行政、法律、政策、经济等办法，精准研判，聚焦重点难点问题根源，对霸痞势力、“钉子户”“茬子头”等各类歪风邪气重拳出击，依法依规解决。

借助道德力量，解决一批遗留多年的“烂根子”。群众对身边问题症结最清楚，解决起来最有智慧。农村综合治理工作中，寿光对盘根错节、错综复杂的农村矛盾，找准根源、摸准症结，借助农村“五老”、新乡贤等力量，从亲情、道德、村规民约等方面入手，以理办事、以德服人，配合行政、经济等手段，从根本上解决了一批遗留多年的“烂根子”。

通过自治、法治等措施的推进，也为德治扫清了障碍、制造了土壤，党员干部带头、群众积极参与，醇厚人心、敦化民风、涵育乡风，人们的向善崇德心理被激活，让村风更文明。以乡村文明行动和农村精神文明建设为抓手，寿光在综合治理过程中，积极破除陈规陋习，大力加强“四德工程”建设，弘扬优秀传统文化，培育孝悌和睦家风，倡树婚丧嫁娶新风，营造文明和谐乡风。自治、法治、德治相统一，是寿光开展农村社会综合治理的“三大法宝”。

结语

乡村治理是社会治理的基础和关键。党的十九大报告提出，健全自治、法治、德治相结合的乡村治理体系。建设“三治”结合的乡村治理体系，既是在全面推进依法治国进程中加强基层民主法治建设的题中应有之义，也是乡村经济社会发展的必然要求，更是推进国家治理体系和治理能力现代化的重要方面。健全乡村治理体系既要传承发展我国农耕文明中的优秀传统，形成文明乡风、良好家风、淳朴民风，又要建立健全党委领导、政府负责、社会协同、公众参与、法治保障的现代乡村社会治理体制，走中国特色社会主义乡村治理道路。

共富共享惠民生

——如何持续增进乡村民生福祉

导 语

民生之事无小事，一枝一叶总关情。进入新时代，我国社会主要矛盾已经转化为人民日益增长的美好生活需要和不平衡不充分的发展之间的矛盾。党的十九大报告把坚持在发展中保障和改善民生作为构成新时代坚持和发展中国特色社会主义的基本方略之一，明确指出“增进民生福祉是发展的根本目的”。坚持在发展中保障和改善民生，是全面建成小康社会的必然要求。让老百姓共享改革发展成果，保障老百姓学有所教、病有所医、老有所养、住有所居、弱有所扶，让每个人都拥有更多的获得感和幸福感。

一 如何更好地促进农民持续增收

小康不小康，关键看老乡；老乡富不富，关键看收入。农民增收既是千家万户的“小钱袋”，更是国计民生的大体现、发展水平的硬指标。进入21世纪以来，山东农村居民收入增长基本实现了与经济发展的同步，2017年农村居民人均可支配收入为15118元，排在全国第8位，略高于全国13432元的平均水平；名义增长8.3%，扣除价格因素影响，实际增长6.8%，高于城镇居民收入实际增幅0.3个百分点。自山东省农村居民收入实际增速2010年首次超过城镇居民收入增速，农村居民人均可支配收入增速连续7年高于城镇居民，城乡收入差距不断扩大的态势得到扭转，城乡收入差距进入缩小轨道，城乡居民人均可支配收入之比由2010年的2.70下降为2017年的2.43。山东农民增收的成果不仅成为我省经济社会发展最亮丽的篇章之一，也为新时期全面深化农业农村改革、实现“三农”中国梦打下了坚实的基础。

但是，随着当前山东省经济发展进入新常态，农业发展进入新阶段，影响农民增收的因素发生变化，支撑农民增收的传统动力逐渐减弱，农民增收的难度和局部减收的风险增大，防止农民持续稳定增收势头出现逆转，迫切需要拓宽新渠道、挖掘新潜力、培育新动能。

在增收上获得新成效，要向现代农业要效益。要调优调新产业产品结构，做大做强优势特色产业，增强传统产业发展活力。按照稳粮、优经、扩饲的要求，加快构建粮经饲协调发展的三元种植结构。优化经济作物品种和区域布局，巩固主产区蔬菜、果品、油料生产，促进经济作物增值增效。大力培育“名优特稀新”经济作物，打造一批特色农业产业带和示范基地，把地方土特产和小品种做成带动农民增收的大产业。推进优势特色农业标准化生产、产业化经营、专业化服务，建设一批地理标志农产品和原产地保护基地。改造提升传统畜牧业生产方式，建设一批以规模化养殖为基础，以农牧结合、生态循环为发展方向，一、二、三产业融合的现代畜牧业产业园，打造现代畜牧业发展高地。

在增收上获得新成效，要向农业新业态要活力。要深入实施电子商务进农村综合示范，完善农村电子商务发展的基础设施，建立健全适应农产品电商发展的标准体系，培育一批区域性、垂直性电商平台，实施农产品出村电商工程，形成线上线下融合、农产品进城和农资、消费品下乡的双向流通格局。推进农林牧渔业与加工、流通、旅游、文化、康养等产业深度融合，支持休闲农业与乡村旅游商业模式创新，建设公共服务平台，实施休闲农业和乡村旅游精品工程，推动乡村旅游提档升级。推动科技、人文等元素融入农业，稳步发展体验农业、创意农业等新业态，鼓励发展工厂化、立体化等高科技农业。立足农业废弃物和加工副产物的资源化利用，构建循环型产业新体系。加快制定农村新产业新业态行业标准，完善行业利益联结机制，健全发展服务保障体系。

在增收上获得新成效，要向乡村就业创业要动力。乡村就业创业促进行动要坚持自主就业创业，坚持人才优先培养，坚持特色产业带动，坚持产业融合发展。有针对性地开展创业创新人才培训，培育一批新型农业经营主体和新型职业农民、农村创业创新导师；选拔培育一批优秀创意项目和创业者，对接优质资源要素，激发就业创业热情。加快建设一批区域特色明显、基础设施完备、政策措施配套、科技创新条件完善、服务能力较强的国家农村创业创新园区（基地）。支持发展农产品初加工、精深加工、综合利用加工、主食加工、休闲旅游、电子商务等优势产业。强化公共服务，进一步加强就业创业辅导培训，加强农村创业创新监测调查，完善乡村就业创业合作机制。强化典型带动，通过座谈会、大讲堂、现场交流等活动，以农村创业创新优秀带头人和优秀乡村企业家的创业历程等为素材，讲述乡村就业创业故事，分享做法经验。

 **乡村振兴看齐鲁**

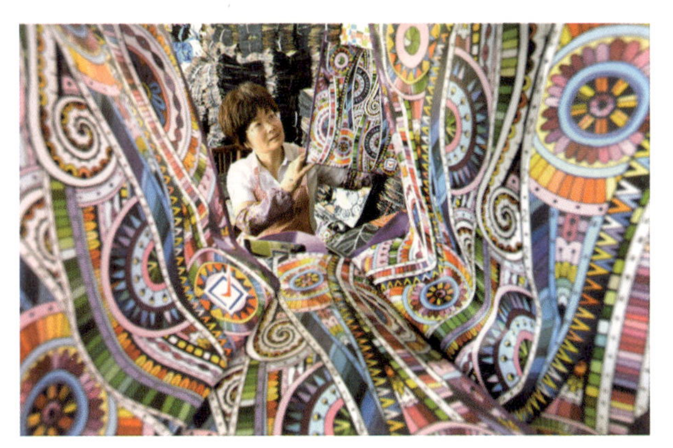

近年来，山东省淄博市沂源县积极引导当地农村青年和创业人才，立足当地丰富的农产品资源，广泛开展农产品加工、工艺品制作、特色种植等乡村创业。目前，全县建立种植、加工、养殖等各类创业项目达20多项，带动当地万余名农民实现就业增收。图为沂源县南麻一村的一名创业者在检验加工的环保手提袋。（新华社发，赵东山　摄）

二 提升农村基础设施建设水平的重点任务是什么

山东省委、省政府历来高度重视农村基础设施建设，各级地方政府不断加大以水电路信等为重点的民生工程投入，农村基础设施条件明显改善。但受历史欠账较多、资金投入不足、融资渠道不畅等因素制约，农村基础设施建设总体上依然明显滞后，仍然是促进四化同步发展的薄弱环节，还远远不能满足现代农业发展、农民持续增收的需要，必须继续把基础设施建设重点放在农村，加快农村交通物流、水利、信息、能源等基础设施建设，推进城乡互联互通，全面提升农村基础设施建设和管理水平，显著增强广大农民共享改革发展成果的获得感。

加强交通物流设施保障能力。道路通，百业兴，农村公路是社会的毛细血管，也是农村基层群众交通运输获得感最直接的来源之一。进一步补齐交通运输供给侧短板，提升惠民利民能力，让人民群众共享交通运输改革发展成果，关键就在于全面推进“四好农村路”建设。目前，山东省农村公路总里程达到23.83万公里，占全省公路通车总里程的90%，其中县道2.33万公里、乡道3.24万公里、村道18.26万公里，行政村通沥青（水泥）路率达到99.995%，基本形成以县道为骨架、乡道为支线、村道为脉络的农村公路网络体系，道路养护水平得到全面提升，城乡交通一体化格局基本形成，为农村经济社会发展提供了强有力的支撑和保障。通过四通八达的农村道路网络，让各方资源得以畅通无阻，做到“筑巢引凤”“花开蝶来”，让优秀创业人才来到农村施展拳脚，让资本及文化“归流返乡”，从而激发贫困地区内生动力，深化产业带动作用，助推农村产业化水平实现了质的飞跃，将过去“城进村退”的困境变为“城兴村荣”的蓝图，为农业供给侧结构性改革提供有力支撑，为加快实现农业现代化提供更可靠保障。

乡村振兴看齐鲁

近年来，邹平市推进村级公路网建设，全市800余个行政村全部通达公交车，改善了农村的出行条件。图中左侧当地山村新建成的乡村公路相较于图中右侧原先的旧山村路，交通条件大大改善。（新华社发，董乃德 摄）

链接

山东发布做好“四好农村路”工作实施意见

山东省人民政府办公厅2018年4月5日发布《关于进一步做好“四好农村路”工作的实施意见》。意见明确，山东省将深入推进全省“四好农村路”建设，深化农村公路体制机制改革，投资450亿元组织开展农村公路“三年集中攻坚”专项行动，计划到2020年，新建改造农村公路3.4万公里，具备条件的自然村全部通公路，农村公路列养率保持100%，具备条件的行政村全部通客车，农村客运公交化改造比例达到75%以上，物流服务网点覆盖率达到90%以上。

根据这个实施意见，自2018年开始，山东将重点实施路网提档升级、自然村庄通达、路面状况改善、运输服务提升“四大工程”，新建改造农村公路3.4万公里，消除路网主要路径中的大中型危桥，提升农村公路技术状况水平，努力打造山东“新农村幸福路”优质品牌。根据“三年集中攻坚”任务目标及交通事权和支出责任划分原则，全省“四好农村路”计划总投资450亿元，其中省财政安排150亿元，采取“奖补结合”的方式，加快构建以省级奖补为引导，市、县级投入为主体，社会资本参与为补充的“四好农村路”多元化投资长效机制。

山东将对“四好农村路”建设推进快、主体责任落实好、体制机制改革创新的市、县（市、区）给予奖励，其中：路网提档升级、自然村庄通达工程，一般按照20万元/公里奖励；日常养护工程一般按照县道7000元/公里、乡道3500元/公里、村道1000元/公里给予奖励；对经验收合格的“四好农村路”示范县，按照每个县1000万元给予奖励。同时，支持区域路网大中修养护、农村客运公交化发展。

除省级奖补外，还要建立市、县级财政投入机制。市、县（市、区）政府要建立农村公路投入分担机制，将农村公路管理机构运行经费、人员基本支出以及建设养护资金纳入同级财政预算。市、县（市、区）政府每年将政府土地出让金收益的2%—3%部分统筹用于“四好农村路”建设养护，同时整合使用涉农资金、“一事一议”资金，切实加大“四好农村路”投入。同时积极创新市场化运营模式，进一步拓宽投融资渠道，积极创新农村公路运营管理模式，鼓励社会各界捐赠，充分利用道路冠名权、路侧资源开发权、绿化权等市场化方式，加快建立投资长效机制。

加快推进农村信息化建设。过去人们常说“要想富先修路”，修的是公路、铁路。现在，随着时代的变迁，更要建设的是连接信息世界的高速安全的网络之路。无形的网络打开了通向世界的精彩之门，信息之路为乡村带来新的致富经和就业观，农村信息通信的发展，改变了农民的生产、生活方式，开启了农村的致富梦、小康梦，是乡村振兴新的里程碑。山东省在农村信息化建设的过程中不断努力，一条条承载着百姓希望的信息高速公路不断展开，信息化的成果像源源不断的泉水滋润着农村大地，点亮了农民的希望，更点亮了山东省的美丽乡村。扎实推进农村信息化建设，应继续推进农村宽带网络和4G基站覆盖的建设，真正实现“网络村村通”。可以参照城镇公共区域WIFI覆盖经验，结合各地实际情况，规划建设以行政村为单位、向村民免费提供无线网络服务，让农民在村里真正有网可上。切实做好农村信息技术培训工作。各地应开办针对农民的信息技术培训班，向农民普及现代信息技术，如智能手机的上网功能、互联网知识以及网上银行支付等技能。同时，要根据农民发展生产、方便生活、增收致富的实际需要，设计开发出有针对性的第三方应用程序。

加快推进农村能源生产和消费革命。着力推进农村能源结构调整，深化农村能源服务体制机制创新，构建“清洁高效、多元互补、城乡协调、统筹发展”的现代农村能源体系。加快实施新一轮农村电网改造升级工程，合理布局瓶装液化罐装站点，大力推进天然气管网向重点镇和集中居住居民点延伸，改善农村用能基础设施条件。在农作物秸秆资源丰富的地区，建设秸秆型沼气工程、秸秆气化站、生物质成型燃料厂，通过沼气化、气化、固化成型等方式推进农作物秸秆能源化利用。在畜禽养殖密集区，因地制宜建设一批区域联供和多村联供的大中型沼气集中供气工程，推进农业农村废弃物资源化利用和农村再生清洁能源开发利用。加快太阳能热水器、太阳能路灯、太阳能杀虫灯等应用推广，加强分布式、集中式光伏扶贫电站的管理维护，因地制宜开发风能、地热、微水电等新型能源。加强市、县级农村能源服务站（中心）、乡镇级服务点（站）、村级服务网点建设，将县级、乡镇级服务站、点纳入农村公益性服务范畴管理。鼓励和引导农民、村集体自建或与市场主体合作建设农村清洁能源服务专业合作社、技术服务公司，支持市场主体按规划参与农村清洁能源基础设施和服务网点建设，积极探索以市场化运营为主、政府提供政策支持的农村清洁能源技术服务体系。

三 如何进一步提升农村公共服务水平

近年来，山东省城乡基本公共服务均等化进程明显加快，城乡居民医疗保障制度从无到有、从局部到整体，完成了全覆盖；城乡免费义务教育全面实现；城乡基本养老保险制度全面建立。但是从整体上看，山东省农村公共服务水平仍然较低。一方面，包括教育、医疗、社会保障等在内的城乡基本公共服务标准差距较大；另一方面，优质基本公共服务供给的城乡与区域不均衡问题突出。因此，推进城乡基本公共服务均等化，需要着力解决结构性非均等化问题。

优先发展农村教育事业。百年大计，教育为本。对乡村来说，学校既承载着知识传播、灵魂塑造等功能，更为乡村建设提供人才支撑。所以，农村教育在乡村振兴中具有不可替代的作用。优先发展农村教育事业，应该成为新时代的最强音之一。只有这样的意识深入人心，农村教育才会成为地方政府优先发展的“政绩工程”，也才会成为老百姓心目中的“幸福工程”。要夯实乡村教育的根基，持续加大乡村教育投入。无论是解决上学难问题，还是解决乡村教育师资薄弱问题，都需要持续加大投入力度，特别是重点加大向农村教育薄弱地区倾斜力度。要不断强化农村教育基础设施建设，扩大优质教育资源供给，优化教育资源配置，大力促进教育公平，推动城乡义务教育一体化发展，不仅让农村孩子“有学上”，还要努力让他们“上好学”。教师是乡村教育的灵魂，没有乡村教师的坚守和教师素质的提升，乡村教育发展难以为继。要不断改善乡村教师教学条件、落实提高乡村教师待遇政策，为乡村教师在工作、生活方面创造更加优良的环境，让乡村教师有更多归属感、获得感，真正打造一支“下得去、留得住、教得好”的乡村教师队伍。乡村美，中国才能美；乡村强，教育必须强。用心办好农民满意的教育，让优质教育为乡村振兴“强筋壮骨”。

乡村振兴看齐鲁

长期以来，农村学前教育是山东省夏津县教育各学段的“最短板”，曾经一度所辖的14个乡镇没有一处达标幼儿园。为了破解这一难题，夏津县以财政资金和优惠政策作为杠杆，撬动民间资本的“活水”流入教育“水渠”，通过“民办公助”的形式，由政府免费提供建园土地215亩，拨付资金2100万元，吸纳民间资金8600万元，建设了14所省级标准幼儿园，让农村孩子在家门口就能享受到优质学前教育。图为夏津县宋楼镇中心幼儿园的孩子们在做游戏。（新华社记者郭绪雷　摄）

推进健康乡村建设。一个农民的健康，关系一个农村家庭的命运；一位农村贫困患者，往往催生或加剧一个农村家庭的贫困状况。整体而言，当前农村居民的生活质量有了很大的提高，但是农村健康事业发展不平衡、不充分的问题仍然突出，偏僻乡村看病难、看病贵、看病远尚未根本解决。振兴乡村健康事业，弥补农村健康“短板”，推动城乡健康公平，仍需进一步找准着力点，选准落脚点，奋力谱写新时代乡村全面振兴新篇章。要加快配备乡镇卫生院和村卫生室数字化诊断设备，形成“15分钟”医疗卫生服务圈。加强全科医生队伍建设，开展农村订单定向医学生免费培养，提高基层诊疗能力；完善基层卫生人才考评机制，落实艰苦边远地区卫生服务人员的津补贴政策，让基层人才“留得住、用得好”。加强医联体建设，推动区域内医疗资源下沉和共享，形成服务、责任、利益、管理共同体，防止大医院“跑马圈地”，真正让医联体“联”起来、“动”起来，加强家庭医生签约服务，围绕老年人、儿童、孕产妇、贫困人口、计生特殊家庭及慢性病患者等重点人群，真正让家庭医生成为居民健康的守门人、医疗费用的守门人、人文关怀的守门人。坚持以人民健康为中心，全力提供预防、保健、医疗、康复、健康教育及计划生育技术服务，强化医防协同，努力为农民群众提供全方位全周期的健康服务。

乡村振兴看齐鲁

为提高农村医疗服务水平，山东省博兴县创造性地在农村推行“家庭医生签约式服务”，当地农民可自愿与乡村卫生服务机构医生签约拥有自己的“家庭医生”，并免费享受一系列医疗健康服务。图为在博兴县博昌街道西伏村一名农民家里，“家庭医生”刘连永为签约农民测量血压。（新华社发，陈彬　摄）

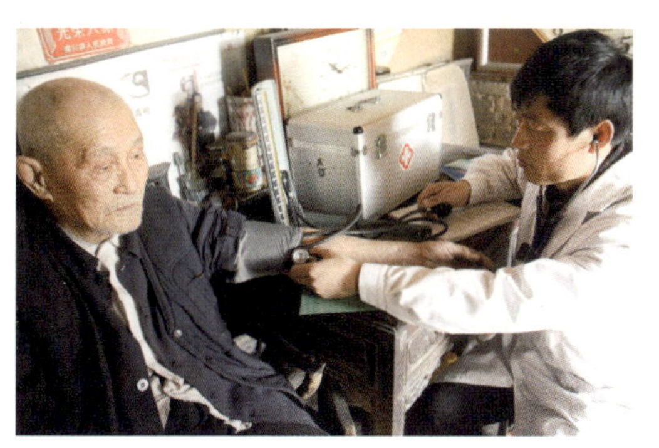

健全农村社会保障制度。党的十九大报告中提出，要全面建成覆盖全民、城乡统筹、权责清晰、保障适度、可持续的多层次社会保障体系。近些年来，山东省委、省政府高度重视农村社会保障问

题，按照城乡统筹发展的要求，进一步完善农村社会保障制度，加大公共财政投入，让所有农民都能够享受到公共财政的阳光，确保改革发展成果能够惠及农民，充分发挥了社会保障体系的“安全网”“平衡器”和“稳定器”作用，解决了农民群众的生产生活后顾之忧。但是，山东省农村社会保障层次较低、水平不高、发展不均衡，与农民群众的需求仍然有较大的差距。要完善城乡居民基本养老保险制度、基本医疗保险制度、大病保险制度和医疗救助制度，继续实行以医疗商业补充保险、意外伤害保险、家庭财产保险为主的扶贫特惠保险，探索开展低收入群体购买医疗商业补充保险政府补助试点。统筹推进城乡养老保障体系建设，扩大农民基本养老保险覆盖范围，逐步提高居民基本养老保险最低缴费标准和基础养老金标准，全面落实被征地农民养老保险“先保后征”政策。统筹提高城乡低保标准，逐步缩小城乡差距、区域差距。加快构建综合性社会救助体系，妥善解决农民群众突发性、紧迫性、临时性生活困难，充分发挥临时救助制度的托底线、救急难作用。

链接

2020年山东将建12000多所农村幸福院

2017年7月28日，省政府召开常务会议，研究《“十三五”山东省老龄事业发展和养老体系建设规划》等有关工作。

据悉，山东计划到2020年，城市社区老年人日间照料中心、农村幸福院分别达到5500处、12000所以上。山东还将大力推行“互联网+养老”，依托省级政务云平台，利用省级养老服务平台，对接养老需求，打造线上线下相结合的服务模式。

山东将对公办养老机构改革，盘活国有资源，到2020年，80%以上的公办养老机构实现公建民营或转制为企业、社会组织。届时，预计全省政府运营的养老床位占比不超过20%。建立养老服务信息网络与服务网络，开展智慧养老、智慧社区建设，形成较为完善的智慧化养老体系。

在未来，山东还将推进养老服务设施配建工程。强化规划约束，新建小区按每百户不少于20平方米的标准配套建设社区养老服务用房，已建成的住宅小区按每百户不少于15平方米的标准调剂解决。

对于老旧居住区没有养老服务设施或现有设施达不到建设指标要求的，通过购买、置换、租赁等方式开辟养老服务设施，由当地政府统筹解决。此外，山东还将实施老年人家庭适老化改造，开展既有多层住宅加装电梯试点工作。

四 如何坚决打赢精准脱贫攻坚战

脱贫攻坚是习近平总书记最为牵挂的事情，他曾多次表示："我最牵挂的还是困难群众。"这些年，习近平总书记深入基层调研50多次，足迹遍布14个集中连片特困地区和广大城乡。全面建成小康社会，一个不能少，共同富裕路上，一个不能掉队。山东省委、省政府全面对标中央部署要求，以超常规举措推进精准脱贫，2017年减少贫困人口83.2万，贫困发生率从7.2%下降到0.3%

以下，2018年基本完成17.2万省扶贫标准建档立卡贫困人口的脱贫任务。

资产收益长效扶贫机制、村级扶贫专岗、“互助养老”脱贫模式……拿出真招实招，向最难处聚焦聚力，山东省一个个创新举措被推广到全国，国务院扶贫办专门推出脱贫攻坚齐鲁样本，组织专家开展山东省脱贫攻坚实践与理论创新研究。山东省精准脱贫攻坚，让广大人民群众有了更多获得感，真正获得了群众认可。当前，山东省扶贫开发工作依然面临十分艰巨而繁重的任务，已进入啃硬骨头、攻坚拔寨的冲刺期，亟须采取力度更大、针对性更强、作用更直接、效果更可持续的措施，特别要在精准扶贫、精准脱贫上下更大功夫。

要紧盯“两不愁、三保障”的脱贫标准。打赢脱贫攻坚战，是党的十九大确定的三大攻坚战中有明确时限要求的重大政治任务。我们要在有限的时间内完成既定的脱贫任务，必须瞄准目标靶心、集中火力攻坚，做到不分心、不走神。具体实践中，就是要咬定总攻目标，紧盯不愁吃、不愁穿和保障义务教育、基本医疗、安全住房这个脱贫标准，既不提高标准、吊高胃口，也不降低标准、蒙混过关，保证脱贫成果真实可靠。在健康扶贫方面，要降低贫困人口就医负担，发挥各项医疗保障政策叠加效应。继续为未脱贫和已脱贫享受政策的建档立卡贫困户和贫困人口购买扶贫特惠保险。对建档立卡贫困严重精神障碍患者进行诊断、复核诊断及评估，使建档立卡贫困严重精神障碍患者得到有效救治。在教育扶贫方面，要确保贫困家庭孩子有学上，上得起学，不辍学。全面落实建档立卡贫困家庭学生从学前教育到高等教育资助政策，实现应助尽助、精准资助。在住房安全方面，加快推进易地扶贫搬迁，加强后续产业发展和转移就业，确保搬得出、稳得住，逐步能致富。

要更加突出脱贫攻坚的重点难点。“打仗打要塞，攻击攻要冲。”越是时间紧、任务重，越要突出重点难点，集中力量打歼灭战。“黄河滩”“沂蒙山”“老病残”，是我省脱贫攻坚的主战场。要坚持质量导向，聚焦重点区域，盯紧“黄河滩”，聚焦“沂蒙山”，锁定“老病残”。聚焦深度贫困地区集中攻坚，确保菏泽和临沂2个市、20个脱贫任务比较重的县（市、区）、200个重点扶持乡镇、2000个省扶贫工作重点村和黄河滩区如期完成脱贫任务。攻克这些难点，需要全省各级树立大局意识和全局观念，进一步加大资金整合和倾斜支持力度，把最优的资源、最强的力量安排到贫困程度最深的地方，举全省之力，用超常规举措，打一场硬碰硬的攻坚战。

要不断激发贫困群众的内生动力。打赢脱贫攻坚战，离不开外界的支持和帮助，但归根到底要靠贫困群众自身的努力。要帮助群众摆脱“头脑中的贫困”，打破思想上的禁锢，树立不甘落后、奋起直追的志气和干劲，认识贫困并不可怕，只有承认落后，才能知耻而后勇、知弱而奔强，不断激发自我脱贫的强烈愿望和强劲动力。要根据脱贫进程发展，改进帮扶工作方式，更多地采用生产奖补、劳务补助等方法，形成有劳才有得、多劳就多得的正向激励，让通过辛勤劳动脱贫致富的群众有荣誉、得实惠。

链接

山东明确今后三年脱贫攻坚任务2020年消除绝对贫困

按照党中央、国务院《关于打赢脱贫攻坚战三年行动的指导意见》，山东省研究出台了《关于打赢脱贫攻坚战三年行动的实施意见》（以下简称《实施意见》）。《实施意见》明确了今后三年脱贫攻坚的目标任务、重点工作和时间安排，是今后三年脱贫攻坚的任务书、行军表、路线图。

今后三年打赢脱贫攻坚战，坚持精准方略，坚持标准质量，聚焦解决“两不愁、三保障”，既不降低标准影响质量，也不提高标准吊高胃口，推动扶贫开发工作步步深入、扎实推进、提质增效。专项扶贫、行业扶贫、社会扶贫政策延续到2020年。

2018年，基本完成17.2万省扶贫标准建档立卡贫困人口脱贫任务（其中国家扶贫标准贫困人口8.1万），巩固253.1万已脱贫享受政策人口的脱贫成果；7005个建档立卡省定扶贫工作重点村中尚未退出的68个村全部退出；2000个省扶贫工作重点村贫困人口基本脱贫，加大基础设施建设和村容村貌整治力度。

2019年，着力巩固提升脱贫成果，逐步建立稳定脱贫长效机制；加快推进2000个省扶贫工作重点村基础设施建设和公共服务延伸。

2020年，全面完成脱贫攻坚任务，消除绝对贫困；20个脱贫任务比较重的县（市、区）基本公共服务主要领域指标接近全省平均水平；完成黄河滩区居民迁建任务。

为确保如期完成目标任务，省扶贫开发领导小组每年开展一次考核评估，督促任务落实。2019年年底，各市组织开展脱贫攻坚以来工作成效自查评估，向省委、省政府提交情况报告；2020年上半年，根据自查评估情况进行整改提升；2020年下半年，省扶贫开发领导小组组织对各市进行全面评估验收。2020年年底，省委、省政府向党中央、国务院专题报告。

结语

大力发展农村民生事业，不断增进民生福祉，就要解决好农民群众最关心最直接最现实的利益问题，使发展成果更多更公平地惠及全省，不断增强农民群众的获得感、安全感、幸福感。既尽力而为，又量力而行，一件事情接着一件事情办，一年接着一年干，紧抓不放，久久为功。

凝心聚力筑未来

——久久为功扎实推进乡村振兴战略实施

导 语

乡村振兴是一个复杂的系统工程，伴随着中国特色社会主义现代化建设全过程，不是一朝一夕，不能一蹴而就，必须以“功成不必在我”的精神，稳扎稳打，久久为功，健康有序推进。

为确保乡村振兴战略顺利实施，必须统筹推进各项改革措施，推进农业农村优先发展，推动要素资源更多向农村配置，形成工农互惠、城乡融合的新型工农城乡关系，逐步实现城乡居民基本权益平等化、城乡公共服务均等化、城乡居民收入均衡化、城乡要素配置合理化，以及城乡产业发展融合化，提升农村的“内在气质”和“外在颜值”，强健农村发展的“骨骼”和“血肉”。

一 加强和改善党对“三农”工作的领导

加强和改善党的领导。习近平总书记指出，办好农村的事情，实现乡村振兴，关键在党。坚持党管农村工作，各级党委要把实施乡村振兴战略摆上优先位置，把党管农村的要求落到实处。健全党委统一领导、政府负责、党委农村工作综合部门统筹协调的农村工作领导体制，全省“五级书记”靠上抓乡村振兴。坚持乡村振兴重大事项、重点问题、重要工作由党组织讨论决定的机制，结合深化党政机构改革，进一步健全完善各级党委农业农村领导体制机制。充分发挥基层党组织战斗堡垒作用和党员先锋模范作用，引导和带领群众投身乡村振兴事业。

健全工作推进机制。强化各级党委、政府主体责任和主要负责人第一责任，实行省抓统筹、市县抓落实的工作推进机制，市县两级党委、政府要把工作重点和主要精力放在抓乡村振兴战略落实上，在公共财政投入上优先保障，在公共服务上优先安排，在要素配置上优先满足，在干部配备上优先考虑。市县党委成立由书记担任组长的农村工作领导小组及办公室，研究重大政策，审议重大工程，确定重大计划，推进重大行动。省级领导干部联系市、乡、村，加强对实施乡村振兴战略的指导。建立市、县、乡党政领导班子和领导干部推进乡村振兴战略的实绩考核制度，将考核结果作为选拔任用干部的重要依据。

二 促进城乡高质量融合发展

党的十九大报告明确提出“建立健全城乡融合发展体制机制和政策体系”，这是中央文件首次提出“城乡融合发展”的概念，它符合新时代中国特色社会主义的本质要求，也是实施乡村振兴战略，加快推进农业农村现代化的根本保障。早在2003年10月，党的十六届三中全会就明确提出要“统筹城乡发展”，并把它放在五个统筹的首位。2012年11月，党的十八大报告又明确提出要“推动城乡发展一体化”，形成以城带乡、城乡一体的新型城乡关系。城乡统筹发展强调政府的统筹作用，城乡发展一体化强调一体化目标，而城乡融合发展强调融合互动和共建共享，是实现城乡共荣和一体化的重要途径，其表述更加符合现阶段的发展特征。从“统筹城乡发展”到“城乡发展一体化”，再到“城乡融合发展”，既反映了中央政策的一脉相承，又符合新时代的阶段特征和具体要求。

大力促进城乡要素融合互动。长期以来，受传统二元体制的束缚，我国城乡要素流动是单向的，即农村人口、资金和人才等要素不断向城市集聚，而城市人口被禁止向农村迁移，城市公共资源向农村延伸、城市人才和资本向农村流动也处于较低水平。要以落实农民财产权利为基础，以破除体制机制障碍为关键，以城乡统一的市场体系为平台，推动城乡生产要素的自由流动，促进城乡要素市场一体化。消除城镇人口向农村流动的户籍障碍，鼓励有意向到农村发展的城镇人口向农村流动，进而使其所承载的信息、技术技能、市场等要素协同向农村流动。实施城镇人口和农村人口统一的户籍登记制度，剥离附着在户籍制度上的基本公共服务差别，为城镇人口向农村转移打通身份通道。建立农村土地产权信息数据库，确立农村要素的市场主体地位，建立城乡统一、主体平等、产权明晰、合理有序的建设用地市场，充分发挥市场机制对土地价格形成的重要作用，切实保障农民公平分享土地增值收益。加快构建农业用地的市场化流转制度和机制，在农地集中规模经营基础上，引导社会工商资本向农村流动，投入农业规模经营，以农业规模经营带动农村就业、金融、信息化、城镇化的协同快速发展。构建城乡统一、平等就业的劳动力市场。落实城乡统一就业政策的具体办法和措施，全面消除对进城务工人员就业的限制性、歧视性、不平等性规定和做法，构建开放透明、公平竞争、统一规范的劳动力市场。

完善城乡融合的政策体系。早在2004年，中央就提出我国已经进入“以工补农、以城带乡”的发展阶段，并逐年加大了对“三农”的支持力度。自此以后，中央连续发布15个一号文件聚焦“三农”，强调“三农”问题的重要地位。然而，由于我国农村地域辽阔、人多地少，农民居住分散，加上发展基础薄弱、长期投入不足，目前农村居民人均占有的公共资源存量仍远低于城镇居民，农村基础设施和公共服务仍严重滞后。在当前决胜全面建成小康社会的关键时期，农村地区已经成为全面小康的最大短板；而在推进中国现代化建设的进程中，农业现代化始终是一条短腿，农村现代化则是薄弱环节。为此，必须把城市与农村看成一个平等的有机整体，建立完善城乡融合的政策体系。要坚持农业农村优先发展，始终把“三农”工作放在全面建成小康社会和实现社会主义现代化的首要位置，把政府掌握的公共资源优先投向农业农村，促使政府公共资源人均投入增量向农村倾斜，逐步实现城乡公共资源配置适度均衡和基本公共服务均等化。同时，要实行数量与质量并重，在进一步增加农村基础设施和公共服务供给数量的基础上，着力改善供给结构，提高供给效率和质量。

三 深化农村产权制度改革

农村产权制度改革，可以使数亿农民获得数以万亿计的财产性权利，向国民经济释放至少数十万亿的财产流通，具有重大意义。中央十分重视这项工作，近年来在中央一号文件、中央经济工作会议上都反复提出要全面深化农村产权制度改革，包括土地承包经营权、农村集体资产权、农民房屋和宅基地使用权这“三权”的确权和流转。

深化农村土地制度改革。农村土地是属于农民集体所有的重要资源，是农民生产生活的空间载体和增收致富的核心资产。中华人民共和国成立以来，农村经营制度的重大改革总是伴随着农村土地制度的改革而不断深入推进的。事实证明，新形势下农村改革的主线仍然是处理好人地关系。农村土地征收、集体经营性建设用地入市、宅基地制度改革，是党的十九大部署的重大改革事项。习近平总书记多次强调，农村土地制度改革关乎城镇化、农业现代化进程，要始终把维护好、实现好、发展好农民权益作为出发点和落脚点，坚持土地公有制性质不改变、耕地红线不突破、农民利益不受损三条底线，在试点基础上有序推进。土地征收制度改革主要任务有3项：一是缩小土地征收范围，二是规范征地程序，三是完善对被征地农民合理、规范、多元保障机制。目标是建立完善程序规范、补偿合理、保障多元的征收制度。集体经营性建设用地入市改革主要任务有3项：一是完善集体经营性建设用地产权制度，二是明确入市范围和途径，三是建立健全市场交易规则和服务监管制度。目标是建立同权同价、流转顺畅、收益共享的入市制度。宅基地制度改革主要任务有4项：一是改革完善宅基地权益保障和取得方式，二是探索宅基地有偿使用制度，三是探索宅基地自愿有偿退出机制，四是完善宅基地管理制度。目标是建立依法公平取得、节约集约使用、自愿有偿退出的宅基地制度。

乡村振兴看齐鲁

2018年9月，山东省首批农村宅基地资格权证书在平度市田庄镇东刘庄发放。农村宅基地“三权分置”改革是指通过把农村宅基地所有权、资格权和使用权分开设置，理顺村集体、村民对宅基地的占有、使用和收益的关系。图为平度市田庄镇东刘庄村三位村民代表在展示刚领到的农村宅基地资格权证书。（新华社记者李紫恒　摄）

深化农村集体产权制度改革。农村集体产权制度改革，是继农村土地制度改革后，中央部署的一项管长远、管根本、管全局的农村重大改革，也是完善农村基本经营制度的一件大事。可以这样说，将集体经营性资产股权量化到人就是给农民和集体资产进行“确权”，对农民的利益进行保障。农村集体资产包括：（1）资源性资产：农民集体所有的土地、森林、山岭、草原、荒地、滩涂等；（2）经营性资产：用于经营的房屋、建筑物、机器设备、工具器具、农业基础设施、集体投资兴办的企业及其所持有的其他经济组织的资产份额、无形资产等；（3）非经营性资产：用于公共服务的教育、科技、文化、卫生、体育等方面的。这意味着，每个村集体经济组织就是一家股份公司，作为集体组织中的农民都是股东，集体赚的钱农民可以分红。而且股权可以在集体内转让流动，未来也可以享受股权质押贷款政策，用来做资金周转。对土地等资源性资产，重点是加快土地承包经营权、林权、集体土地所有权等农村各类产权确权登记颁证工作，稳定农村土地承包关系，引导农户把承包土地、林地、草地的经营权转化为股权，入股现代农业园区或农业产业化龙头企业、农民合作社等，获取保底收益或按股分红。对于经营性资产，重点是明晰集体产权归属，将资产折股量化到集体经济组织每个成员，发展农民股份合作。对于非经营性资产，重点是探索集体统一运营管理的有效机制，更好地为集体经济组织成员及社区居民提供公益性服务。

链接

山东农村集体产权制度改革全面铺开

2018年山东农村集体产权制度改革范围将扩大到所有涉农乡镇（街道），年底前基本完成清产核资工作，2020年基本完成改革任务。

山东是农业大省，有8万多个涉农村（居）。山东把产权制度改革作为破解农业农村改革发展深层次矛盾、加快新旧动能转换的根本性举措，采取扎实措施强力推进，各项工作进展顺利。截至今年4月底，全省有15753个村（居）基本完成改革，占总数的18.7%，确认成员1265万人，清查集体资产1372亿元，量化经营性资产1081亿元。目前，全省组建农村土地股份合作社8117家，新型经营主体发展到25.4万多家，土地经营规模化率达到40%以上。去年全省1956个改革村实现了分红，分红总额8.42亿元，集体凝聚力、号召力得到增强。

根据部署，2018年山东农村集体产权制度改革将扩大到所有涉农乡镇（街道），重点开展清产核资、成员身份确认等基础性工作。在农村集体资产清产核资过程中，山东将对乡、村、组农民集体所有的资源性、经营性、非经营性资产进行清产核资，重点清查核实未承包到户的集体“四荒”地等资源性资产和集体统一经营的经营性资产及现金、债权债务，清产核资结果向全体成员公示，并建立健全资产管理台账和登记、保管、使用、处置、备案等制度。在确认集体经济组织成员身份过程中，山东将依据有关法律法规，按照尊重历史、兼顾现实、程序规范、群众认可的原则，统筹考虑户籍关系、农村土地承包关系、对集体积累的贡献等因素，协调平衡各方利益，统筹做好所有村（组）的集体经济组织成员的身份确认工作。

发展壮大集体经济是全省农村集体产权制度改革的一项重点。山东将鼓励各地充分利用各类集体资产、生态环境和人文历史等资源、集体积累和政府帮扶资金等，发展符合地方规划和群众需求的相关产业，探索发展壮大集体经济的有效途径。山东将以县（市、区）为单位，统筹整合财政涉农资金，重点扶持集体经济薄弱村，力争到2020年年底基本消除集体经济空壳村，使集体收入3万元以下的村实现收入翻番。

四 强化乡村振兴要素保障能力

2018年2月，中央农村工作领导小组办公室主任韩俊在国务院新闻办举行的新闻发布会上指出：“乡村振兴是一个大战略，必须有真金白银的硬投入。没有投入作保障，喊是喊不出来的，干也是干不出名堂来的。”2018年中央一号文件对解决实施乡村振兴战略“钱从哪里来”的问题做出全面谋划，明确提出要健全投入保障制度，创新投融资机制，加快形成财政优先保障、金融重点倾斜、社会积极参与的多元投入格局，确保投入力度不断增强、总量持续增加。在这方面，山东做出了大量有益的探索。

完善财政支农投入机制。要建立健全财政投入保障机制，公共财政预算要向农业和农村倾斜，加快补齐农业农村发展的短板。创新资金筹措方式，通过土地节约指标的跨地域交易来引导更多的资金投向农村，让农村有更多的人分享城市发展的成果。充分发挥财政资金的引导作用，撬动更多的金融资源和社会资源用于乡村振兴，形成一个多元投入的新格局。要多层次多形式推进涉农资金整合，逐步将省级涉农资金整合为农业综合发展、农业生产发展、水利发展、林业改革发展、农村社会发展、扶贫开发六类。实行目标到县、任务到县、资金到县、权责到县“四到县”的涉农资金管理体制，把分散在31个省直部门的涉农资金下放到县，集中力量办大事。财政支农资金要体现绿色生态导向，推动实现乡村可持续发展。财政支农资金与农民群众的生产生活息息相关，一定要管好用好这些资金。要加强日常监管，坚决防范发生在农民群众身边的“苍蝇式”腐败。还要全面实施支农资金绩效管理，让农民群众对资金如何使用、使用的效果心中有数，从而提高农民群众的获得感。

链接

山东整合涉农资金340亿元全力助推乡村振兴

2018年8月，省委办公厅、省政府办公厅下发《推进山东省级涉农资金统筹整合实施意见》。2018年，山东纳入统筹整合范围的中央和省级涉农资金大约为340亿元，将为全面实施乡村振兴战略、打造乡村振兴齐鲁样板、打好精准脱贫攻坚战提供有力保障。

长期以来，由于涉农资金名目数量多、分配管理限制多，市县在推进统筹整合时受到一些束缚限制，存在不敢整、不能整、整不动的问题，需要从省级层面整合做起，带动全省统筹整合，真正把涉农资金安排使用的话语权交给市县，切实提高涉农资金规模效益。这次省级涉农资金统筹整合，与以往最大的不同之处在于，是实行“自上而下”的整合，在省级层面将涉农资金全面归并整合，设立乡村振兴重大专项资金，从源头上破解“上面不整合、下面整不动”的难题。

乡村振兴重大专项资金，划分为省级统筹安排资金、切块分配市县使用资金两大类。其中，省级统筹安排资金，主要用于省委、省政府确定的乡村振兴重大任务、重大工程（项目）以及应急救灾支出；切块分配市县使用资金，由市县统筹用于推进乡村产业振兴、人才振兴、文化振兴、生态振兴、组织振兴和脱贫攻坚。为支持打好精准脱贫攻坚战，《实施意见》明确要求，2020年前，各级每年安排用于脱贫攻坚的资金不得少于上年。

这次改革改变了以职能部门为主体的涉农资金管理体制，将涉农资金全部纳入乡村振兴“资金池”，由领导小组按照“统一集中、统一决策、统一分配、统一考核”的原则管理，职能部门负责提报需求、制定标准、加强指导，参与监督考核等工作。省级统筹安排资金实行任务（项目）管理，由领导小组统筹研究确定任务，省财政进行预算评审并配置资金。切块分配市县使用资金，主要采取因素法切块下达，省级下放项目管理权限，涉农资金实行目标到县、任务到县、资金到县、权责到县的“四到县”管理模式，由各县（市、区）围绕乡村振兴战略规划，科学配置、合理安排资金，并允许不同年度之间调整支持重点和实施区域，确保资金用好用活。

加大金融对农业农村发展的支持力度。农村金融机构要支持农业供给侧结构性改革，积极把握“大三农”（农业、农村、农民）“小三农”（农民服务公司、农业生产公司、农民专业合作社）“新三农”（农民工、失地农民和农业村落）的发展趋势和特征，积极帮助属地企业和农户培育“特色三农”，不断加大对乡村振兴起重要作用的农村产业融合、新型农业经营主体、乡村旅游等重点领域的金融支持力度，推动农业农村新产业、新主体、新业态在乡村振兴中的发展速度，助力“三农”转方式、调结构、增收入，加快推进农业农村现代化。农村金融要结合乡村振兴战略提出的要求，在全面推进农村金融产品和服务方式创新上下功夫，从推动农业人口转移进城、降低乡村人口占比上给予金融扶持。农村金融机构要把实施乡村振兴战略，作为精准扶贫的良好机遇。目前，山东省各地农地确权颁证，土地所有权、承包权、经营权“三权”分置工作取得了很大进展，这给乡村振兴奠定了良好的基础。农村金融部门应利用好政策，帮助农户唤醒这些沉睡的资本，积极发放农村土地经营权抵押贷款，为现代农业发展注入新活力。

乡村振兴看齐鲁

十八届三中全会通过的《中共中央关于全面深化改革若干重大问题的决定》提出：建立农村产权流转交易市场，推动农村产权流转交易公开、公正、规范运行。图为山东省蒙阴县坦埠镇农村产权制度改革小组工作人员在对村里产权制度改革工作中的资料进行梳理汇总建档。（新华社记者何俊昌　摄）

五 优化乡村振兴战略实施环境

强化“三农”工作队伍建设。实施乡村振兴战略，必须建强干部队伍，破解人才瓶颈制约。健全完善“三农”工作队伍培养机制，选拔培养一批懂农业、爱农村、爱农民的优秀人才。要有一支充满生机活力的干部队伍，就要发扬“五湖四海、任人唯贤”的精神，让那些热爱农村农民、熟悉农业发展的好同志选拔任用到引领农村发展的重要岗位上来，为他们搭建舞台，力求大有作为。深度挖掘驻村“第一书记”的潜力，着力培养大学生村官、村后备干部、“三支一扶”等人员，加强一线“摔打锤炼”，及早成为独当一面的可用之才，积蓄农村发展新生力量。要提升驻村干部、农村干部的精神、物质等保障，让踏实肯干者得实惠、为民付出者有支持。

营造良好环境和氛围。坚持以人民为中心，以造福人民为最大政绩，广泛宣传党的“三农”政策，调动广大干部群众参与乡村振兴的积极性、主动性和创造性，及时总结先进经验，大力宣扬先进事迹，使乡村振兴成为全市共识和自觉行动。开展“不忘初心、牢记使命”主题教育，引导党员干部树立正确政绩观，坚持功成不必在我，一张蓝图绘到底，久久为功，善作善成。坚持从实际出发，不搞形象工程，不追求速度，更不刮风搞运动。扎实开展“大学习、大调研、大改进”，全省涉农部门单位和人员要深入一线、深入基层、深入农户，以钉钉子精神狠抓工作落实，确保中央、省委关于实施乡村振兴战略的各项决策部署落实落地见效。及时总结先进经验，积极倡树乡村振兴先进村庄、先进人物，大力宣传先进事迹，营造良好舆论氛围，以先进典型的生动实践引领带动全省乡村振兴深入推进。实施县、乡、村示范工程，在全省选择一批县、乡、村，立足各地实际，探索创新乡村振兴多元模式，以点带面、点面结合，推动全省乡村振兴健康有序进行。

结语

做好乡村振兴工作，要坚持实事求是原则，因地制宜，完善机制，扶持重点，打造特色，决不能搞“大呼隆”“大跃进”，坚决杜绝“形象工程”，把成果切实体现到老百姓的实惠上，经得起历史和实践检验。

后记

postscript

本书是中共山东省委宣传部确定的2018年度重大理论与实践问题研究项目之一。在编写过程中得到了省领导及有关部门的高度重视和大力支持。省委常委、宣传部部长关志鸥同志对本书写作提出明确要求。山东省政协副主席、山东社会科学院党委书记唐洲雁同志多次审读书稿，并对内容和结构提出了修改意见。省委宣传部最后审定了书稿。

山东社会科学院党委副书记王兴国主持本书编写工作，并负责本书的总体设计与书稿的审稿、定稿；李广杰、徐光平负责书稿的组织协调，樊祥成承担了书稿的修改、复审、编务工作。各章执笔人分别是：第一章、第八章，徐光平；第二章、第四章，樊祥成；第三章、第七章；范玉波；第五章、第六章，刘晓宁；第九章、第十章，王新志。

本书编写过程中吸收了有关部门和专家学者的一些前期研究成果，搜集了一些省内媒体发表的资料作为链接，在此一并致谢！

本书编写组

2019年5月